Direito
Urbanístico

O GEN | Grupo Editorial Nacional – maior plataforma editorial brasileira no segmento científico, técnico e profissional – publica conteúdos nas áreas de concursos, ciências jurídicas, humanas, exatas, da saúde e sociais aplicadas, além de prover serviços direcionados à educação continuada.

As editoras que integram o GEN, das mais respeitadas no mercado editorial, construíram catálogos inigualáveis, com obras decisivas para a formação acadêmica e o aperfeiçoamento de várias gerações de profissionais e estudantes, tendo se tornado sinônimo de qualidade e seriedade.

A missão do GEN e dos núcleos de conteúdo que o compõem é prover a melhor informação científica e distribuí-la de maneira flexível e conveniente, a preços justos, gerando benefícios e servindo a autores, docentes, livreiros, funcionários, colaboradores e acionistas.

Nosso comportamento ético incondicional e nossa responsabilidade social e ambiental são reforçados pela natureza educacional de nossa atividade e dão sustentabilidade ao crescimento contínuo e à rentabilidade do grupo.

Rodrigo **Bordalo**

COORDENAÇÃO
Renee do Ó **Souza**

Direito
Urbanístico

2ª EDIÇÃO REVISTA, ATUALIZADA E REFORMULADA

- O autor deste livro e a editora empenharam seus melhores esforços para assegurar que as informações e os procedimentos apresentados no texto estejam em acordo com os padrões aceitos à época da publicação, e todos os dados foram atualizados pelo autor até a data de fechamento do livro. Entretanto, tendo em conta a evolução das ciências, as atualizações legislativas, as mudanças regulamentares governamentais e o constante fluxo de novas informações sobre os temas que constam do livro, recomendamos enfaticamente que os leitores consultem sempre outras fontes fidedignas, de modo a se certificarem de que as informações contidas no texto estão corretas e de que não houve alterações nas recomendações ou na legislação regulamentadora.

- Fechamento desta edição: *10.02.2022*

- O Autor e a editora se empenharam para citar adequadamente e dar o devido crédito a todos os detentores de direitos autorais de qualquer material utilizado neste livro, dispondo-se a possíveis acertos posteriores caso, inadvertida e involuntariamente, a identificação de algum deles tenha sido omitida.

- **Atendimento ao cliente: (11) 5080-0751 | faleconosco@grupogen.com.br**

- Direitos exclusivos para a língua portuguesa
  Copyright © 2022 by
  Editora Forense Ltda.
  Uma editora integrante do GEN | Grupo Editorial Nacional
  Travessa do Ouvidor, 11 – Térreo e 6º andar
  Rio de Janeiro – RJ – 20040-040
  www.grupogen.com.br

- Reservados todos os direitos. É proibida a duplicação ou reprodução deste volume, no todo ou em parte, em quaisquer formas ou por quaisquer meios (eletrônico, mecânico, gravação, fotocópia, distribuição pela Internet ou outros), sem permissão, por escrito, da Editora Forense Ltda.

- Esta obra passou a ser publicada pela Editora Método | Grupo GEN a partir da 2ª edição.

- Capa: Bruno Sales Zorzetto

- **CIP – BRASIL. CATALOGAÇÃO NA FONTE.
  SINDICATO NACIONAL DOS EDITORES DE LIVROS, RJ.**

B724d
2. ed.

Bordalo, Rodrigo
Direito urbanístico / Rodrigo Bordalo; coordenação Renee do Ó Souza. – 2. ed. – Rio de Janeiro
Método, 2022.
208 p.; 21 cm. (Método essencial)

Inclui bibliografia
ISBN 978-65-5964-464-3

1. Direito urbanístico – Brasil. 2. Serviço público – Brasil – Concursos. I. Souza, Renee do Ó. II. Título III. Série.

22-75999   CDU: 349.44(81)

Meri Gleice Rodrigues de Souza – Bibliotecária – CRB-7/6439

Dedico esta obra à Mariana, à Laís e ao Pedrinho,
presentes com que Deus me abençoou.

Apresentação

O Direito Urbanístico constitui uma matéria cada vez mais disseminada no meio jurídico, com uma aplicabilidade prática crescente. Além disso, a sua cobrança em concursos públicos vem sofrendo um aumento significativo, sobretudo nos certames voltados a Procuradorias Municipais, Ministério Público e Magistratura. Diante desse contexto, a presente obra aborda os principais temas desse ramo jurídico, necessários para a atuação dos profissionais do direito, bem como para a resolução das respectivas provas, seja no âmbito das primeiras fases (questões objetivas), seja nas etapas subsequentes (questões discursivas e exames orais).

O livro abrange os temas gerais do Direito Urbanístico, com o estudo de sua parte introdutória (origem, definição e princípios), das competências envolvendo a tutela urbana e dos instrumentos jurídicos necessários à sua efetivação. O fio condutor na análise é a Constituição Federal.

Além disso, são analisados os principais diplomas normativos do Direito Urbanístico, merecendo destaque o Estatuto da Cidade (Lei nº 10.257/2001), o Estatuto da Metrópole (Lei nº 13.089/2015), a Lei de Parcelamento do Solo Urbano (Lei nº 6.766/1979), a Lei de Regularização Fundiária (Lei nº 13.465/2017) e a Lei da Política Nacional da Mobilidade Urbana (Lei nº 12.587/2012), entre outros.

Sumário

Capítulo 1
Direito urbanístico: introdução 1

1.1 A evolução dos espaços urbanos 1
1.2 O urbanismo moderno 2
1.3 Direito urbanístico 4
1.4 Cidades: concepção jurídica 6
1.5 A constitucionalização do direito urbanístico 6
1.6 Funções sociais da cidade 8
1.7 Princípios do direito urbanístico 11
   1.7.1 Introdução 11
   1.7.2 Princípios específicos da tutela da política urbana 12

Capítulo 2
Competências urbanísticas 17

2.1 Introdução 17
2.2 Competência legislativa 18
2.3 Competência material 20
2.4 Competências do Distrito Federal 22
2.5 Fixação da zona urbana 23
2.6 Jurisprudência do STF sobre competências urbanísticas .. 24
2.7 Esquema geral das competências urbanísticas 25

Capítulo 3
Estatuto da cidade: diretrizes 27

3.1 Introdução 27
3.2 Diretrizes do Estatuto da Cidade 28
   3.2.1 Direito a cidades sustentáveis 28
   3.2.2 Gestão democrática 29

3.2.3 Cooperação 31
3.2.4 Planejamento 31
3.2.5 Ordenação e controle do uso do solo 31
3.2.6 Integração entre áreas rurais e urbanas 32
3.2.7 Justa distribuição dos benefícios e ônus 32
3.2.8 Adequação dos instrumentos econômicos *lato sensu* à política urbana 33
3.2.9 Regularização fundiária 33
3.2.10 Simplificação 34
3.2.11 Higidez dos espaços internos 34
3.3 Resumo esquemático das diretrizes do Estatuto da Cidade 35
3.4 Improbidade administrativa urbanística 36

Capítulo 4

Plano diretor 39

4.1 Introdução 39
4.2 Abrangência 41
4.3 Hipóteses de obrigatoriedade 42
4.4 Conteúdo do plano diretor 44

Capítulo 5

Estatuto da cidade: instrumentos 47

5.1 Intervenção do Estado na propriedade 47
5.2 Instrumentos da política urbana 48
5.3 Do parcelamento, edificação ou utilização compulsórios.. 51
    5.3.1 Natureza 51
    5.3.2 Procedimento legislativo 52
    5.3.3 Procedimento administrativo 53
5.4 IPTU progressivo no tempo 54
    5.4.1 Introdução 54
    5.4.2 Regras de incidência 56
5.5 Desapropriação urbanística sancionatória 57
    5.5.1 Introdução 57
    5.5.2 Desapropriação prevista no art. 182, § 4°, inciso III, CF 58

5.5.3 Indenização 61
5.6 Usucapião especial de imóvel urbano 63
  5.6.1 Usucapião especial individual urbanística 63
  5.6.2 Usucapião especial coletiva urbanística 65
  5.6.3 Processo judicial 66
5.7 Concessão de uso especial para fins de moradia 68
  5.7.1 Introdução 68
  5.7.2 Requisitos 68
  5.7.3 Concessão coletiva de uso especial 70
  5.7.4 Características 71
  5.7.5 Procedimento de outorga 73
5.8 Autorização urbanística de uso especial 74
5.9 Direito de superfície 75
  5.9.1 Introdução 75
  5.9.2 Direito positivo 76
  5.9.3 Características 77
5.10 Direito de preempção 78
5.11 Outorga onerosa do direito de construir 80
  5.11.1 Introdução 80
  5.11.2 Natureza jurídica 82
  5.11.3 Leis municipais e outorga onerosa 82
  5.11.4 Contrapartida 83
  5.11.5 Destinação dos recursos 84
  5.11.6 Outorga onerosa da alteração do uso do solo 84
5.12 Operações urbanas consorciadas 85
  5.12.1 Definição e características 85
  5.12.2 Medidas de intervenção urbanística 85
  5.12.3 Leis municipais 86
  5.12.4 Certificados de potencial adicional de construção (CEPAC) 87
  5.12.5 Operações urbanas consorciadas interfederativas 88
5.13 Transferência do direito de construir 88
5.14 Estudo de impacto de vizinhança 90
5.15 Outros instrumentos urbanísticos 91
  5.15.1 Consórcio imobiliário 91
  5.15.2 Zonas especiais de interesse social 92
  5.15.3 Limitações administrativas 92
  5.15.4 Servidão administrativa 94

5.15.5 Tombamento 95
5.15.6 Unidades de conservação 97
5.15.7 Concessão de direito real de uso 98
5.15.8 Regularização fundiária 99

Capítulo 6
Direito de construir. Uso e ocupação do solo urbano 101

6.1 Introdução 101
6.2 Limitações administrativas 103
6.3 Limitações urbanísticas 104
6.4 Uso e ocupação do solo urbano. Zoneamento urbano 105
6.5 Licenças urbanísticas 107
    6.5.1 A licença como instrumento do direito público 107
    6.5.2 Características das licenças urbanísticas 108
    6.5.3 Espécies de licenças urbanísticas 108
    6.5.4 Licenças edilícias 109

Capítulo 7
Estatuto da metrópole 111

7.1 Introdução 111
7.2 Objeto do Estatuto da Metrópole 113
7.3 Natureza jurídica 115
7.4 Instituição 116
7.5 Governança interfederativa 117
7.6 Instrumentos de desenvolvimento urbano integrado 119
    7.6.1 Plano de desenvolvimento urbano integrado (PDUI) ... 120
    7.6.2 Demais instrumentos da Lei nº 13.089/2015 121
7.7 Jurisprudência do STF. A ADI 1.842/RJ 122

Capítulo 8
Parcelamento do solo 125

8.1 Introdução 125
8.2 Loteamento e desmembramento 126

8.3 Infraestrutura básica 128
8.4 Admissibilidade de parcelamento... 130
8.5 Vedações ao parcelamento.. 130
8.6 Requisitos urbanísticos para o loteamento 132
    8.6.1 Requisitos gerais.. 132
    8.6.2 Requisitos específicos 134
    8.6.3 Esquema geral dos requisitos do loteamento 135
8.7 Processo de parcelamento do solo urbano 135
    8.7.1 Fixação de diretrizes.. 136
    8.7.2 Projeto de parcelamento 138
    8.7.3 Aprovação do projeto.. 139
    8.7.4 Registro do parcelamento 141
    8.7.5 Teoria do concurso voluntário 145
8.8 Implantação do plano de parcelamento.................................. 146
8.9 Contratos relacionados ao parcelamento............................... 148
8.10 Loteamentos ilegais 150
8.11 Loteamento de acesso controlado 151

Capítulo 9

Regularização fundiária 153

9.1 Introdução 153
9.2 Aspectos da regularização fundiária....................................... 154
9.3 Objetivos... 156
9.4 Espécies de REURB 157
9.5 Instrumentos de REURB.. 158
    9.5.1 Zonas Especiais de Interesse Social (ZEIS) 159
    9.5.2 Demarcação urbanística 160
    9.5.3 Legitimação de posse 160
    9.5.4 Legitimação fundiária 161
    9.5.5 Arrecadação de imóveis abandonados.................... 162
9.6 Processo administrativo de REURB.. 163
    9.6.1 Organograma.. 163
    9.6.2 Legitimados... 164
    9.6.3 Do procedimento específico de REURB 165

Capítulo 10
Mobilidade urbana 167

10.1 Introdução 167
10.2 Sistema Nacional de Mobilidade Urbana 168
10.3 Definições 169
10.4 Princípios, diretrizes e objetivos 170
10.5 Transporte remunerado privado individual de passageiros 170
10.6 Direitos dos usuários 171
10.7 Atribuições das entidades federativas 172
10.8 Plano de mobilidade urbana 173
10.9 Instrumentos de gestão 175

Capítulo 11
Tutela urbanística 177

11.1 Interesses metaindividuais e a ordem urbanística 177
11.2 Instrumentos de tutela urbanística. Classificação 179
11.3 Instrumentos extraprocessuais 180
    11.3.1 Termo de ajustamento de conduta 180
    11.3.2 Inquérito civil 183
11.4 Instrumentos processuais 184
    11.4.1 Ação popular 184
    11.4.2 Ação civil pública 186
11.5 Outros instrumentos processuais 187
    11.5.1 Ações de controle de constitucionalidade 188
    11.5.2 Ações de responsabilidade por improbidade administrativa .. 189
    11.5.3 Mandado de segurança 190

Referências 191

1

Direito urbanístico: introdução

1.1 A evolução dos espaços urbanos

Os **núcleos urbanos** são uma realidade moderna. A maioria da população, mundial ou brasileira, vive e convive nas **cidades**, que constitui um espaço voltado à relação humana. De acordo com os dados oficiais, a maior parte da população brasileira (mais de 85%) vive em áreas urbanas.

É preciso alertar que as urbes sempre existiram. Como apontado por José Afonso da Silva (2006, p. 19), as pioneiras cidades remontam a 3.500 a.C. e localizavam-se na Ásia Ocidental. No entanto, ao longo do tempo, especialmente nos últimos 200 anos, "a forma de organização do espaço habitado mudou drasticamente. De uma sociedade rural passamos a ser uma sociedade urbana" (LIBÓRIO, 2004, p. XIII). A esse fenômeno de concentração urbana atribui-se a noção de **urbanização** (SILVA, 2006, p. 26). De acordo com José Afonso da Silva (2006, p. 26), referência doutrinária do direito urbanístico brasileiro, um dos índices apontados pelos economistas para definir um país desenvolvido está em seu **grau de urbanização**.

Diversos foram os fatores para a consolidação dos espaços urbanos. O significativo aumento da população é um deles. Entre 1940 e 2000, o tamanho da população brasileira quadruplicou: de 41 milhões de pessoas para 170 milhões. De acordo com o censo de 2019, atualmente são 210 milhões de brasileiros. Além disso, o desenvolvimento econômico e social encontrou nas cidades o meio propício para ser implementado. A facilitação dos negócios comerciais, a melhor interação entre demanda e consumo, a especialização do trabalho, o incremento das atividades de prestação de serviços, tudo isso levou à aglomeração das pessoas em determinados espaços, sobre os quais surgiram as urbes. Mencionem-se também as relações comunitárias, que encontram nas cidades o meio propício para fixação.

Outra razão foi o desenvolvimento das técnicas de construção, que permitiu ao homem a disseminação de edifícios cada vez maiores e mais seguros, de modo a permitir e facilitar o agrupamento social, uma característica do meio urbano.

Evidentemente, o crescimento do espaço urbano foi acompanhado de uma série de problemas: congestionamentos, uso irregular do solo, loteamentos clandestinos, poluição sonora e visual, poluição eletromagnética, especulação imobiliária, disposição inadequada de resíduos sólidos, falta de saneamento básico, proliferação de doenças etc. "Esse adensamento inédito na civilização trouxe profundas consequências sociais, econômicas, políticas e jurídicas" (LIBÓRIO, 2004, p. XIII).

1.2 O urbanismo moderno

O fenômeno da consolidação dos espaços urbanos e das respectivas dificuldades daí decorrentes representou o desenvolvimento do denominado **urbanismo**, definido por Hely Lopes Meirelles como o "conjunto de medidas estatais destinadas a organizar os espaços habitáveis, de modo a propiciar melhores condições de vida ao homem na comunidade" (MEIRELLES, 2001, p. 482). Inicialmente voltado apenas aos fatores estéticos das cidades, o urbanismo moderno passou a englobar aspectos sociais relacionados ao bem-estar de seus habitantes.

Sob outra perspectiva, pode-se destacar a noção de **política pública urbana**. A noção de política pública está intimamente relacionada a problemas públicos (SECCHI; COELHO, PIRES, 2019, p. 2), os quais forçam a tomada de uma postura reativa pelos entes sociais, entre os quais o Estado, visando enfrentá-los e resolvê-los. Nesse contexto, a proliferação dos problemas associados aos espaçamentos urbanos gerou a necessidade de se estabelecerem diretrizes de planejamento e de atuação nessa área.

O que o grande incêndio de Roma nos ensina?

O incêndio de Roma, ocorrido em 64 d.C., representa um dos episódios mais conhecidos da história antiga. Provocada pela insanidade do imperador Nero, a queima da cidade, que durou vários dias, destruiu zonas de seu território. Esse estrago maciço decorreu, entre outros fatores, da configuração urbanística de Roma, com áreas densamente povoadas, habitações de madeira, ruas estreitas etc.

Após o desastre, a cidade foi objeto de "cuidados urbanísticos. Previu-se que na reconstrução da *Urbes* se criassem ruas e vias largas, que fosse limitada a altura dos edifícios e que se estabelecessem praças amplas e se guardasse distância, em relação ao prédio existente, de até 100 pés" (SILVA, 2006, p. 27).

O urbanismo vem ganhando destaque no cenário internacional. A propósito, vale citar a **Nova Agenda Urbana**, que constitui um documento aprovado no ano de 2016 na Conferência das Nações Unidas (ONU) sobre Moradia e Desenvolvimento Urbano Sustentável (Habitat III). Um de seus objetivos envolve a reafirmação do compromisso global para o desenvolvimento urbano sustentável, de modo a orientar a urbanização pelos próximos anos.

A concepção do urbanismo moderno está associada, portanto, à atuação estatal nesse setor, o que permite reconhecer que a "atividade urbanística é função pública" (SILVA, 2006, p. 33). Ocorre que os seus modos de manifestação incluem a intervenção na propriedade privada, condicionada pelas restrições urbanísticas necessárias à implantação de um espaço habitável funcional e hígido. Imprescindível, portanto, a figura da norma jurídica, da lei em sentido amplo. "Aí está a íntima correlação entre Urbanismo e Direito", de modo que "não há, nem pode haver, atuação urbanística sem imposição legal" (MEIRELLES, 2001, p. 484). É nesse sentido que se evidencia o **direito urbanístico**.

1.3 Direito urbanístico

Com base nas ponderações anteriores, pode-se definir o **direito urbanístico** como o conjunto das normas jurídicas disciplinadoras da atividade estatal objetivando a ordenação dos espaços habitáveis. Libório o define como "um ramo do Direito Público que tem por objeto normas e atos que visam à harmonização das funções do meio ambiente urbano, na busca pela qualidade de vida da coletividade" (LIBÓRIO, 2004, p. 33).

É preciso reconhecer que no Brasil sempre houve leis voltadas a questões urbanísticas, embora tratassem de pontos específicos, principalmente aos aspectos edilícios. Progressivamente, os temas centrais afetos ao direito urbanístico foram se consolidando, inclusive na seara constitucional, como o protagonismo dos Municípios na Federação e a noção de função social da propriedade, inserida pioneiramente no texto constitucional de 1934. Em 1967, a Constituição Federal versou de modo implícito sobre o planejamento urbano, com a repartição das respectivas competências entre União, Estados e Municípios, os quais concentraram a tarefa de regular o uso e a ocupação do solo urbano, bem como instituir o Plano Diretor (LIBÓRIO, 2004, p. 11-12). "A partir da década de 1970, coincidindo com a explosão do crescimento das cidades, especialmente das Capitais (...), o direito urbanístico brasileiro irá conquistar sua identidade" (SUNDFELD, 2002, p. 46). A consolidação do direito urbanístico deu-se com a Constituição de 1988, que dedicou um capítulo específico à **política urbana**. Verifica-se, assim, que o direito urbanístico representa fenômeno jurídico recente, uma "nova disciplina jurídica em franca evolução" (SILVA, 2006, p. 19).

Notória a sua relação com ramos jurídicos consolidados, como o direito civil e o administrativo. O direito urbanístico, contudo, abraça novos enfoques, para além da visão eminentemente individual do regime privado e da técnica primordialmente negativa da intervenção estatal do regime público (SUNDFELD, 2002, p. 46). Também é possível inseri-lo como um desdobramento do direito ambiental, já que o meio ambiente representa noção que incorpora vários sentidos, entre eles o urbano, resultante do espaço construído pelo homem.

Convém apontar a advertência feita por Hely Lopes Meirelles, para quem o direito urbanístico, conquanto assuma como objeto principal a área urbana, também considera o campo como espaço de estudo. Assim, "cabem no âmbito do direito urbanístico não só a disciplina do uso do solo urbano e urbanizável, de seus equipamentos e de suas atividades, como a de qualquer área, elemento ou atividade em zona rural que interfira no agrupamento urbano, como ambiente natural do homem em sociedade" (MEIRELLES, 2001, p. 485).

1.4 Cidades: concepção jurídica

O direito urbanístico fundamenta-se no regramento das **cidades**, ou urbes, termo que advém do latim *urbs*. Diante disso, surge o questionamento: qual o significado jurídico de "cidade"?

José Afonso da Silva elenca uma série de critérios para conceituar esta noção, entre os quais o demográfico (que leva em consideração a quantidade de habitantes) e o econômico (oriundo da doutrina de Max Weber). No entanto, as cidades brasileiras são melhor compreendidas se forem vislumbradas pelo prisma jurídico-político. Ou seja, o "centro urbano no Brasil só adquire a categoria de cidade, quando o seu território se transforma em Município" (MEIRELLES, 2001, p. 25).

Nota-se, dessa forma, uma correlação necessária entre as cidades e os núcleos urbanos que sediam os governos municipais. Tanto assim que, como será analisado no Capítulo 2 (Competências urbanísticas), os Municípios protagonizam a atuação no âmbito da tutela da política urbana.

1.5 A constitucionalização do direito urbanístico

A importância do urbanismo e de seus contornos jurídicos pode ser extraída de sua assimilação pelo texto constitucional atual. Embora Constituições anteriores fizessem menção ao fenômeno urbano (a exemplo da já referida Carta de 1967), a de 1988 conferiu destaque à tutela da política urbana (arts.

182 e 183), além de fazer referência à própria disciplina do "direito urbanístico" no âmbito das competências legislativas (art. 24, inciso I).

Cabe reproduzir a redação integral do art. 182 da CF, verdadeira **norma-matriz** do direito urbanístico:

> Art. 182. A política de desenvolvimento urbano, executada pelo Poder Público municipal, conforme diretrizes gerais fixadas em lei, tem por objetivo ordenar o pleno desenvolvimento das funções sociais da cidade e garantir o bem-estar de seus habitantes.
>
> § 1º O plano diretor, aprovado pela Câmara Municipal, obrigatório para cidades com mais de vinte mil habitantes, é o instrumento básico da política de desenvolvimento e de expansão urbana.
>
> § 2º A propriedade urbana cumpre sua função social quando atende às exigências fundamentais de ordenação da cidade expressas no plano diretor.
>
> § 3º As desapropriações de imóveis urbanos serão feitas com prévia e justa indenização em dinheiro.
>
> § 4º É facultado ao Poder Público municipal, mediante lei específica para área incluída no plano diretor, exigir, nos termos da lei federal, do proprietário do solo urbano não edificado, subutilizado ou não utilizado, que promova seu adequado aproveitamento, sob pena, sucessivamente, de:
>
> I – parcelamento ou edificação compulsórios;
>
> II – imposto sobre a propriedade predial e territorial urbana progressivo no tempo;
>
> III – desapropriação com pagamento mediante títulos da dívida pública de emissão previamente aprovada pelo Senado Federal, com prazo de resgate de até dez anos, em

parcelas anuais, iguais e sucessivas, assegurados o valor real da indenização e os juros legais.

Verifique-se que o preceito elenca uma série de pontos relevante da tutela jurídica urbana, entre os quais:

- **Objetivo** principal da política pública urbana: garantir o bem-estar dos habitantes da cidade.
- Protagonismo do **Município** na política pública urbanística (v. Capítulo 2, referente às competências urbanísticas).
- Referência às **funções sociais da cidade** (v. próximo item).
- Destaque ao **plano diretor** como instrumento básico da política urbana (v. Capítulo 4, referente a instrumentos).
- Referência a **mecanismos** para a implantação da função social da propriedade urbana (v. Capítulo 4, referente a instrumentos).

1.6 Funções sociais da cidade

O *caput* do art. 182 faz referência a uma das noções fundamentais do direito urbanístico: a de **funções sociais da cidade**.

A concepção de função social encontra-se consolidada no ordenamento brasileiro, que já não se restringe a um viés individualista, pelo qual os interesses privados, sobretudo a propriedade, constituiriam um direito absoluto. A primeira referência a essa noção deu-se no texto constitucional de 1934, no âmbito do capítulo dos direitos e garantias individuais, ao prescrever que "é garantido o direito de propriedade, que não poderá ser exercido contra o interesse social ou coletivo" (art. 113, § 17). Na Constituição de 1988, a ideia de que a propriedade deve atender à sua função social está disseminada em diversos preceitos: art. 5º, inciso XXIII (direitos e garantias fundamentais); art. 170, inciso III (princípio da atividade econômica); art. 182, § 2º (propriedade urbana) e art. 186 (propriedade rural).

Posteriormente, a noção se espraiou, de modo de abranger outros institutos. Cite-se a função social da empresa, prevista no art. 47 da Lei de Falências e Recuperação Judicial (Lei nº 11.101/2005), bem como a função social dos contratos, plasmada no art. 421 do Código Civil.

No que se refere às cidades, a referência a suas funções sociais deu-se de modo pioneiro pela Constituição de 1988. Relevante observar que se trata de diretriz que se encontra no plural, de modo a indicar expressamente a coexistência das múltiplas funcionalidades dos espaços urbanos. Foram elas definidas na Carta de Atenas, datada de 1933, documento que consolidou o urbanismo moderno. As funções sociais da cidade são quatro: moradia, trabalho, lazer e locomoção. Perceba-se que diversos desses aspectos integram os direitos sociais capitulados no art. 6º da CF, que faz expressa referência ao "trabalho", "moradia" e "lazer".

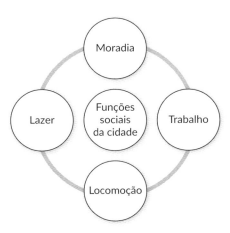

A **moradia** envolve a habitação, direito social que permite "a real possibilidade de realização da família, de autoestima e de cidadania" (LIBÓRIO, 2004, p. 17). É notória a precariedade do contexto de habitação no Brasil. Basta verificar a disseminação de favelas, loteamentos clandestinos, cortiços etc., o que exige o desenvolvimento de políticas públicas urbanísticas nessa realidade. Entre os diversos instrumentos jurídicos de política urbana, merecem destaque o usucapião associado à habitação (art. 183 da CF), bem como a concessão de uso especial para fins de moradia (disciplinada pela Medida Provisória nº 2.220/2001).

O **trabalho** está associado ao oferecimento dos espaços destinados ao exercício de atividades profissionais. No que se refere ao direito urbanístico, uma das relações com o tema laboral envolve o zoneamento, mecanismo que estabelece as áreas urbanas propícias para a fixação do comércio, dos serviços e das indústrias.

A **locomoção** está associada à circulação das pessoas no espaço das cidades. Trata-se de um dos grandes problemas dos maiores centros urbanos, mergulhados no congestionamento que degrada a qualidade de vida dos cidadãos. Além disso, as cidades menores também sofrem impactos negativos associados à locomoção, diante da carência de transportes públicos. A Política Nacional de Mobilidade Urbana (Lei nº 12.587/2012) disciplina a integração entre os diferentes modos de transporte e a melhoria da acessibilidade e mobilidade das pessoas e cargas no território do Município.

O **lazer** igualmente integra a categoria dos direitos sociais (art. 6º da CF). Inicialmente relegada a segundo plano em razão do capitalismo industrial oriundo do século XVIII, a recreação passou a ser reconhecida juridicamente, inclusive em textos constitucionais. Cite-se "a viabilização no art. 7º,

IV, por isso o salário do trabalhador deve ser suficiente para garantir-lhe direito a algum tipo de lazer" (LIBÓRIO, 2004, p. 25).

1.7 Princípios do direito urbanístico

1.7.1 Introdução

A noção de **princípio** vem passando por radicais alterações. Atualmente detém relevância primordial no ordenamento jurídico. Contudo, os princípios assimilavam há algum tempo função meramente integradora, vale dizer, eram um mecanismo para colmatação de lacunas (art. 4º da LINDB). Atualmente, apresentam a natureza de **normas jurídicas**, de comandos dotados de imperatividade, expressando um dever-ser que impõe condutas ou abstenções aos destinatários, bem como instituem valores e fins para a interpretação e a aplicação do Direito. São, logo, fontes formais do Direito.

Ênfase seja dada aos princípios constitucionais, situados no topo do ordenamento, representando verdadeiro fundamento de validade para as demais normas. Em razão dessa supremacia, as leis, os atos públicos e as condutas do setor privado que lhe forem antagônicas não merecem subsistir na ordem jurídica.

Considerando que o direito urbanístico é uma manifestação do direito público, os princípios aplicáveis a esta seara também o são àquela. Dessa forma, plenamente incidente os princípios da legalidade, impessoalidade, moralidade, publicidade e eficiência, todos expressos no *caput* do art. 37 da CF. Igualmente aplicáveis os postulados implícitos, a exemplo da supremacia do interesse público, da proporcionalidade e razoabilidade, da autotutela, da motivação, entre tantos outros.

Em relação ao direito urbanístico, a sua autonomia pode ser extraída da ocorrência de princípios próprios desse ramo jurídico (LIBÓRIO, 2004, p. 47). É o que será analisado a seguir.

1.7.2 Princípios específicos da tutela da política urbana

Embora não exista consenso em relação aos princípios peculiares do direito urbanístico, alguns deles podem ser destacados, seja em razão de seu fundamento constitucional, seja pela disseminação nas lições dos autores especializados.

O princípio das **funções sociais da cidade**, explicitamente incorporado no art. 182, *caput*, da CF, representa a "síntese suprema do Direito Urbanístico" (LIBÓRIO, 2004, p. 47) (cf. objeto de análise anterior).

Relacionado com o princípio anterior está o princípio da **função social da propriedade**, que se encontra disseminado pela Constituição (cf. analisado anteriormente). Ultrapassada a concepção de propriedade como direito irrestrito, em que o titular pode exercer de modo incondicional os poderes inerentes ao domínio (uso, gozo e disposição). Hoje vige a noção de que a propriedade extrapola os interesses meramente individuais, de modo contemplar, sem socializá-la, os interesses da coletividade.

A relação com o direito urbanístico é inequívoca, nos termos do art. 182, § 2°, da CF, o qual estabelece que a propriedade urbana cumpre sua função social quando atende às exigências fundamentais de ordenação da cidade expressas no plano diretor. O conteúdo formal da função social do domínio urbano, portanto, está imbrincado com as prescrições vertidas na lei municipal que constitui o instrumento básico da política urbana. É nesse sentido que José Afonso da Silva faz alusão ao "princípio da conformação da propriedade urbana pelas normas de ordenação urbanística" (SILVA, 2006, p. 44). Ademais, a CF indica o seu conteúdo material: a função social não está presente nas hipóteses do solo urbano não edificado, subutilizado ou não utilizado (art. 182, § 4º).

O princípio da **coesão dinâmica** apresenta dois significados. O primeiro assume relação com a noção de sistema jurídico, porquanto a eficácia das normas urbanísticas "assenta basicamente em conjuntos normativos (procedimentos), antes que em normas isoladas" (SILVA, 2006, p. 44). O segundo toma como parâmetro as intervenções urbanísticas, cuja implementação provoca sucessivas alterações na cidade, as quais, por sua vez, devem ser levadas em consideração para as ulteriores intervenções.

O princípio da **justa distribuição dos benefícios e ônus** decorrentes da atuação urbanística corresponde à aplicação da isonomia na tutela urbana. Seu objetivo é "impedir que alguns obtenham vantagens e outros prejuízos em virtude do processo de urbanização" (MEDAUAR, 2002, p. 23). Na hipótese de alguns proprietários receberem determinados benefícios, a exemplo da valorização imobiliária de uma determinada região em razão de um melhoramento urbano, cabível o compartilhamento dos custos com esses particulares. Esse o fundamento da contribuição de melhoria, espécie tributária prevista no art. 145, inciso III, da CF. Alguns autores, em relação a tal contexto, fazem alusão ao princípio da **afetação da mais-valia** ao custo da urbanificação, "segundo o qual os proprietários dos terrenos devem satisfazer os gastos da urbanificação, dentro dos limites do benefício dele decorrente para eles, como compensação pela melhoria das condições de edificabilidade que dela derivam para seus lotes" (SILVA, 2006, p. 44).

Por fim, o princípio do **planejamento** (LIBÓRIO, 2004, p. 55), que assume caráter instrumental (SUNDFELD, 2002, p. 46). Com efeito, "o ordenamento urbanístico não pode ser um aglomerado inorgânico de imposições", devendo ser o resultado de um "planejamento prévio" (SUNDFELD, 2002, p. 46). A noção de planejamento encontra previsão genérica na CF, que atribui ao Estado, como agente normativo e regulador da atividade econômica, exercer "as funções de fiscalização, incentivo e planejamento, sendo este determinante para o setor público e indicativo para o setor privado" (art. 174). De modo específico, a noção está contemplada no art. 30, inciso VIII, da CF, que insere o "planejamento" como integrante do ordenamento territorial do Município.

Para além dos princípios referidos anteriormente, destacam-se as **diretrizes** previstas no **Estatuto da Cidade** (v. Capítulo 3), muitos deles com natureza principiológica.

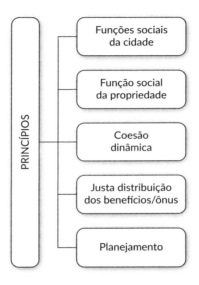

2

Competências urbanísticas

2.1 Introdução

O tópico da competência urbanística assume grande relevância, porquanto envolve a análise da distribuição de atribuições na tutela da política urbana pelos órgãos estatais. Para tanto, necessário investigar a compostura do Estado brasileiro, que adota a forma de uma **Federação** (art. 1º da CF), cujas características são duas:

- O Estado federativo constitui uma descentralização política, diante da coexistência de núcleos de poder, cada qual detentora de autonomia. No Brasil, os entes federativos (ou entes políticos) são a União, os Estados, o Distrito Federal e os Municípios. É o que preconiza o art. 18, *caput*, da CF: "A organização político-administrativa da República Federativa do Brasil compreende a União, os Estados, o Distrito Federal e os Municípios, todos autônomos, nos termos desta Constituição".
- No Estado que adota a forma federativa, as atribuições das entidades federativas são disciplinadas pela Constituição, que distribui as respectivas competências. Essas atribuições manifestam-se de duas formas: de um lado, a **competência**

legislativa (edição de normas gerais e abstratas que criam direitos e obrigações); de outro lado, a **competência material administrativa** (execução e implementação dos ditames legais). O critério para a distribuição das atribuições envolve a **predominância dos interesses** envolvidos, se nacional, regional ou local.

De modo geral, pode-se afirmar que os "assuntos urbanísticos são correlatos a todas as entidades estatais – União, Estados-membros, Distrito Federal e Municípios –, porque a todas elas interessa a ordenação físico-social do território nacional" (MEIRELLES, 2001, p. 490). De modo específico, a Constituição Federal dispõe sobre o delineamento das respectivas atribuições de cada um dos entes federativos, conforme será analisado a seguir.

2.2 Competência legislativa

A edição de normas de **direito urbanístico** envolve uma **competência concorrente**. É o que estabelece o art. 24, inciso I, da CF. A atribuição concorrente significa o seguinte:

- A **União** apresenta competência para estabelecer as **normas gerais** (aquelas que prescrevem os princípios, as diretrizes e os critérios básicos da matéria urbanística), de necessária observância por todas as entidades federativas.
- Os **Estados-membros** (e o **Distrito Federal**) podem **suplementar** as normas gerais. Ressalte-se que essa atribuição suplementar não pode contrariar as normas gerais.
- Caso a União não exerça a competência para expedir as normas gerais, os Estados-membros podem exercer a competência legislativa plena.

Também pode ser mencionada a prescrição do art. 182, *caput*, o qual aponta, no âmbito da tutela urbana, a necessidade de "diretrizes gerais fixadas em lei". Trata-se de lei federal, atualmente protagonizada pelo **Estatuto da Cidade** (Lei federal nº 10.257/2001).

Além disso, cabe aos **Estados** editar **lei complementar** dispondo sobre regiões metropolitanas, aglomerações urbanas e microrregiões (art. 25, § 3º, CF). Igualmente compete aos Estados legislar sobre a criação, organização e supressão de distritos (art. 30, inciso IV, CF).

Pergunta importante!

Os Municípios detêm competência para legislar sobre direito urbanístico?

Embora o art. 24, que estabelece a atribuição concorrente, não faça referência aos Municípios, a competência desses entes locais decorre do art. 30 da CF, já que podem legislar sobre assuntos de **interesse local** (inciso I) e **suplementar** a legislação federal e a estadual no que couber (inciso II). Além disso, ao assinalar que o **plano diretor** é aprovado pela Câmara Municipal, o art. 182, § 1º, da CF assinala que esse relevante instrumento de política urbana assume a natureza de **lei municipal**. Portanto, a resposta é **positiva: os Municípios possuem competência para legislar sobre direito urbanístico**. Para José Afonso da Silva, "em verdade, as normas urbanísticas municipais são as mais características, porque é nos Municípios que se manifesta a atividade urbanística na sua forma mais concreta e dinâmica" (SILVA, 2006, p. 62).

Evidentemente, a edição de leis municipais deve observar as normas federais e estaduais que tratem da temática urbanística, à luz da competência concorrente. A propósito, incabível que União e Estados disciplinem de modo minucioso referido tema, sob pena de violação à compostura da atribuição prevista no art. 24 da CF.

Assim já decidiu o STF, ao apontar que "as normas das entidades políticas diversas – União e Estado-membro – deverão, entretanto, ser gerais, em forma de diretrizes, sob pena de tornarem inócua a competência municipal, que constitui exercício de sua autonomia constitucional" (ADI 478, Pleno, Rel. Min. Carlos Velloso, *DJ* 28.02.1997).

A respeito das **normas gerais** de direito urbanístico, apesar das dificuldades para a sua delimitação, suas características são (SILVA, 2006, p. 64)[1]:

- estabelecimento de princípios, diretrizes e linhas mestras;
- não podem entrar em pormenores ou detalhes, de modo a esgotar o assunto legislado;
- assumem o caráter de regras nacionais, uniformemente aplicáveis a todos as entidades públicas;
- veiculam regras uniformes para todas as situações homogêneas;
- devem tratar de questões fundamentais;
- não podem violar a autonomia dos Estados e principalmente dos Municípios.

2.3 Competência material

Como já mencionado, a competência material envolve a atribuição administrativa para executar concretamente a política de tutela urbana.

De modo geral, o **Município** exerce o protagonismo nessa seara. Aos entes locais compete promover adequado ordenamento territorial, mediante planejamento e controle do uso, do parcelamento e da ocupação do solo urbano (art. 30, inciso

---

[1] As características das normas gerais são extraídas das lições de Diogo de Figueiredo Moreira Neto.

VIII, CF). Além disso, merece destaque o art. 182, *caput*, CF, segundo o qual a política de desenvolvimento urbano é executada pelo Poder Público municipal. Cite-se também a atribuição local de criar, organizar e suprimir distritos dentro do território do Município, observados os parâmetros da legislação estadual (art. 30, inciso IV, CF). Em suma, "significa dizer que o Poder Executivo Municipal tem um papel de grande importância (insubstituível até) na realização e concretização da organização e adequação do espaço urbano" (LIBÓRIO, 2004, p. 65).

Convém apontar que à **União** compete instituir diretrizes para o desenvolvimento urbano, inclusive habitação, saneamento básico e transportes urbanos (art. 21, inciso XX, CF)[2]. A propósito, o próprio Estatuto da Cidade (Lei n° 10.257/2001) prevê determinadas competências da União, entre os quais (art. 3°):

- promover, por iniciativa própria e em conjunto com os Estados, o Distrito Federal e os Municípios, programas de construção de moradias e melhoria das condições habitacionais, de saneamento básico, das calçadas, dos passeios públicos, do mobiliário urbano e dos demais espaços de uso público;
- instituir diretrizes para desenvolvimento urbano, inclusive habitação, saneamento básico, transporte e mobilidade urbana, que incluam regras de acessibilidade aos locais de uso público;
- elaborar e executar planos nacionais e regionais de ordenação do território e de desenvolvimento econômico e social.

---

[2]. Apesar de o art. 21 da CF versar sobre competência material, muitas dessas diretrizes dependem de leis para sua implantação (cf. LIBÓRIO, 2006, p. 65).

Já os **Estados** estão incumbidos da efetiva instituição de regiões metropolitanas, aglomerações urbanas e microrregiões, nos termos de lei complementar estadual (art. 25, § 3º, CF).

Esquematicamente:

Há ainda **competências comuns**. União, Estados e Municípios assumem o encargo de promover programas de construção de moradias e a melhoria das condições habitacionais e de saneamento básico (art. 23, inciso IX, CF).

2.4 Competências do Distrito Federal

O **Distrito Federal**, integrante da federação brasileira, assume as competências **estaduais** e **municipais** (art. 32, § 1º, CF), o que evidencia a sua condição de "figura híbrida" (LIBÓRIO, 2004, p. 68) do sistema federal nacional. Já o art. 51 do Estatuto da Cidade estabelece que se aplicam ao Distrito Federal e ao Governador do Distrito Federal as disposições relativas, respectivamente, a Município e a Prefeito. Dessa forma, ao Distrito Federal cabe a elaboração do plano diretor, bem como o regramento do uso e ocupação do solo e o estabelecimento dos planos de desenvolvimento local.

Nesse sentido já decidiu o STF, ao fixar a tese de que o Distrito Federal pode "legislar sobre programas e projetos específicos de ordenamento do espaço urbano por meio de leis que sejam compatíveis com as diretrizes fixadas no plano diretor" (RE 607.940/DF, Rel. Min. Teori Zavascki, *DJe* 26.02.2016, tema 348).

Advirta-se que, em relação às competências urbanísticas equivalentes às estaduais, "ao Distrito Federal apenas não cabem aquelas dispostas no art. 25 da Carta Constitucional, pois, na medida em que há a vedação da repartição de seu território em Municípios, não há que se falar em região metropolitana, microrregiões ou aglomerações urbanas" (LIBÓRIO, 2004, p. 69).

2.5 Fixação da zona urbana

Uma das relevantes funções da **lei municipal** que envolve conteúdo urbanístico é a própria **delimitação da zona urbana**. Nesse sentido, ao Município cabe "estabelecer os requisitos que darão à área condição de urbana ou urbanizável, e, atendidos esses requisitos, a lei local delimitará o perímetro urbana, as áreas de expansão urbana e os núcleos de urbanização" (MEIRELLES, 2005, p. 199).

Importante esclarecer que a definição da zona urbana também apresenta efeitos tributários, no âmbito da incidência do Imposto sobre a Propriedade Predial e Territorial Urbana (IPTU). Assim, necessária a observância do Código Tributário Nacional, segundo o qual a zona urbana representa a área que contenha, no mínimo 2 (dois) dos seguintes melhoramentos, construídos ou mantidos pelo Poder Público (art. 32, § 1º):

- meio-fio ou calçamento, com canalização de águas pluviais;
- abastecimento de água;
- sistema de esgotos sanitários;
- rede de iluminação pública, com ou sem posteamento para distribuição domiciliar;

- escola primária ou posto de saúde a uma distância máxima de 3 (três) quilômetros do imóvel considerado.

Além disso, a lei municipal pode considerar urbanas as áreas urbanizáveis, ou de expansão urbana, constantes de loteamentos aprovados pelos órgãos competentes, destinados à habitação, à indústria ou ao comércio, mesmo que localizados fora das zonas urbanas *stricto sensu*.

Assinala Hely Lopes Meirelles que,

> promulgada a lei municipal instituidora ou ampliadora da zona urbana, a Prefeitura deverá enviar seu texto integral ao INCRA, para a cessação de sua jurisdição sobre a nova área urbana e transferência da competência impositiva federal (imposto territorial rural) para a municipal (imposto predial e territorial urbano), incidente sobre terreno e respectivas construções (MEIRELLES, 2005, p. 119).

2.6 Jurisprudência do STF sobre competências urbanísticas

O STF já expediu relevantes julgados sobre a matéria das competências urbanísticas.

Ao apreciar a constitucionalidade de um dispositivo inserido na Constituição do Estado de Minas Gerais que disciplinava sobre licenças urbanísticas, o STF definiu a compostura do federalismo (ADI 5.696/MG, Pleno, Rel. Min. Alexandre de Moraes, *DJe* 11.11.2019). Nesse sentido, "o princípio geral que norteia a repartição de competência entre os entes componentes do Estado Federal brasileiro, portanto, é o princípio da predominância do interesse, não apenas para as matérias cuja definição foi preestabelecida pelo texto constitucional, mas também em termos de interpretação em hipóteses que envolvem várias e diversas matérias". Com base nisso, a Corte reconheceu que a CF conferiu **"protagonismo aos Municípios"** na concepção e execução das políticas públicas urbanas, embora estabeleça a competência material da União para a edição de diretrizes para o desenvolvimento urbano e regras gerais sobre direito urbanístico. Com base nessas premissas, foi julgada procedente a ADI voltada à norma da Constituição Estadual.

Em outro julgado, a Corte analisou a compatibilidade da Constituição do Estado do Rio de Janeiro, que condicionou a participação de Município em região metropolitana, aglomeração urbana ou microrregião à prévia aprovação da respectiva Câmara Municipal (ADI 1.841/RJ, Rel. Min. Carlos Velloso, *DJ* 20.09.2002). Esse preceito foi declarado inconstitucional, pois a "instituição de regiões metropolitanas, aglomerações urbanas e microrregiões, constituídas por agrupamentos de Municípios limítrofes, depende, apenas, de **lei complementar estadual**".

2.7 Esquema geral das competências urbanísticas

COMPETÊNCIAS URBANÍSTICAS	
UNIÃO	■ Expedir normas gerais (art. 24, I, e § 1º, CF); ■ Instituir diretrizes para o desenvolvimento urbano, inclusive habitação, saneamento básico e transportes urbanos (art. 21, XX).
ESTADOS	■ Suplementar as normas gerais (art. 24, I e § 2º); ■ Edição de lei complementar, para a instituição de regiões metropolitanas, aglomerações urbanas e microrregiões (art. 25, § 3º, CF).

COMPETÊNCIAS URBANÍSTICAS	
MUNICÍPIOS	■ Expedir normas de interesse local (art. 30, I, CF); ■ Suplementar as normas federais e estaduais (art. 30, II, CF); ■ Promover adequado ordenamento territorial, mediante planejamento e controle do uso, do parcelamento e da ocupação do solo urbano (art. 30, VIII, CF); ■ Instituir política de desenvolvimento urbano (art. 182, *caput*, CF).
DISTRITO FEDERAL	■ Exerce competências estaduais e municipais (art. 32, § 1º, CF).
COMPETÊNCIAS COMUNS **(União, Estado, DF e Municípios)**	■ Promover programas de construção de moradias e a melhoria das condições habitacionais e de saneamento básico (art. 23, IX, CF).

3

Estatuto da cidade: diretrizes

3.1 Introdução

O art. 182, *caput*, da CF faz referência à necessidade de lei disciplinadora das diretrizes da política urbana. Diversos anos se passaram sem que referida norma fosse expedida, o que representou um vácuo legislativo na disciplina do direito urbanístico. Dessa forma, os respectivos instrumentos de tutela urbana, inclusive aqueles previstos na própria CF (art. 182, § 4º), não encontraram suporte normativo para serem aplicados de modo geral. Esse impasse travava "a passagem do direito urbanístico brasileiro para a vida adulta" (SUNDFELD, 2002, p. 491).

Essa situação perdurou até o ano de 2001. No exercício da competência legislativa concorrente, a União editou a **Lei nº 10.257/2001**, autodenominada **Estatuto da Cidade**, que constitui o "Código Nacional de Urbanismo" (MEIRELLES, 2005, p. 491). Trata-se de norma geral em matéria de tutela urbana, de observância obrigatória por todas as entidades federativas.

É nesse sentido que se destacam as diretrizes previstas no estatuto urbanístico.

3.2 Diretrizes do Estatuto da Cidade

As diretrizes urbanísticas estão elencadas no art. 2º do Estatuto da Cidade, que contém 19 incisos. Muitos desses preceitos assumem a natureza de princípios do direito urbanístico, objeto de estudo anteriormente (v. Capítulo 1).

3.2.1 Direito a cidades sustentáveis

As cidades não podem ser entendidas meramente como um espaço geográfico com um amontoado de pessoas. É preciso extrair desse ambiente urbano um local que propicie bem-estar aos seus habitantes. É nessa direção que o Estatuto da Cidade se refere à garantia do direito a **cidades sustentáveis**, entendido como o direito à terra urbana, à moradia, ao saneamento ambiental, à infraestrutura urbana, ao transporte e aos serviços públicos, ao trabalho e ao lazer (inciso I). Trata de garantia para as presentes e futuras gerações (princípio da solidariedade intergeracional).

Essa diretriz está associada a outras, também inseridas no art. 2º da Lei nº 10.257/2001. De fato, a sustentabilidade das cidades implica a oferta de equipamentos urbanos e comunitários, transporte e serviços públicos adequados aos interesses e necessidades da população (inciso V), bem como ao tratamento prioritário às obras e edificações de infraestrutura de energia, telecomunicações, abastecimento de água e saneamento (inciso XVIII).

Nota-se, nessa referência à ideia de **sustentabilidade urbana**, a utilização de um termo em voga no direito ambiental-ecológico. Prevalece nesse ramo jurídico o princípio do desenvolvimento sustentável, pelo qual deve haver uma compatibilização entre o desenvolvimento econômico e social, de um lado, e a proteção do meio ambiente, de outro. Essa noção encontra correspondência no direito urbanístico, assentada sobre a mesma razão jurídica. "O crescimento não é um objetivo; o equilíbrio, sim; por isso, o crescimento deverá respeitar os limites da sustentabilidade, seja quanto aos padrões de produção e consumo, seja quanto à expansão urbana" (SUNDFELD, 2002, p. 55). É o que expressamente estabelece a diretriz contida no art. 2º, inciso VIII: "adoção de padrões de produção e consumo de bens e serviços e de expansão urbana compatíveis com os limites da sustentabilidade ambiental, social e econômica do Município e do território sob sua área de influência".

A propósito, também merecem referência os postulados contidos nos incisos XII e XVII, todos eles associados à sustentabilidade:

- Proteção, preservação e recuperação do meio ambiente natural e construído, do patrimônio cultural, histórico, artístico, paisagístico e arqueológico (inciso XII).
- Estímulo à utilização, nos parcelamentos do solo e nas edificações urbanas, de sistemas operacionais, padrões construtivos e aportes tecnológicos que objetivem a redução de impactos ambientais e a economia de recursos naturais (inciso XVII).

3.2.2 Gestão democrática

O princípio democrático, compreendido em seu sentido mais largo, apreende múltiplos significados, entre os quais a democracia representativa e a participativa.

A primeira se baseia nos postulados da teoria representativa: representação popular, eleições periódicas, partidarismo plúrimo etc. Trata-se de uma perspectiva tradicional da democracia, cujo enfoque é o poder legislativo e o resultado de seu exercício, a lei, considerada um produto da vontade geral. A segunda forma de democracia reflete a integração dos cidadãos no âmbito do processo de exercício das funções estatais. "Não há democracia sem participação", ensina Paulo Bonavides (2003, p. 51). É nesse contexto que se evidencia o tema da participação popular na Administração, também alcunhada como participação administrativa cidadã ou **gestão democrática**.

Na seara urbanística, a gestão democrática se implementa por meio da participação da população e de associações representativas dos vários segmentos da comunidade na formulação, execução e acompanhamento de planos, programas e projetos de desenvolvimento urbano (art. 2º, inciso II). Também merece referência as audiências do Poder Público municipal e da população interessada nos processos de implantação de empreendimentos ou atividades com efeitos potencialmente negativos sobre o meio ambiente natural ou construído, o conforto ou a segurança da população (inciso XIII).

A bem da verdade, múltiplas são as formas de instituição da gestão democrática, a exemplo da consulta e da audiência pública, do colegiado público, da assessoria externa, da denúncia e da reclamação pública, da figura do ouvidor (*ombudsman*), entre tantos outros.

Assinale-se que o Estatuto da Cidade disciplina em capítulo próprio o tema da **gestão democrática da cidade**, elencando uma série de instrumentos (art. 43), entre os quais órgãos colegiados de política urbana (nos níveis nacional, estadual e municipal); debates, audiências e consultas públicas; conferências sobre assuntos de interesse urbano (nos níveis nacional, estadual e municipal); iniciativa popular de projeto de lei e de planos, programas e projetos de desenvolvimento urbano.

3.2.3 Cooperação

A efetiva implementação das funções sociais da cidade não se faz de modo isolado pelo Poder Público. Nesse sentido é que se faz necessária a **cooperação** entre os governos, a iniciativa privada e os demais setores da sociedade no processo de urbanização, em atendimento ao interesse social (inciso III).

A própria noção de políticas públicas abarca não somente a atuação governamental, incluindo as iniciativas dos setores paraestatais, como as organizações empresariais e a sociedade. O cenário ideal, nessa atuação concomitante de diversos atores, é a sinergia, o auxílio mútuo para a consecução da finalidade pública.

3.2.4 Planejamento

A diretriz estampada no inciso IV envolve o **planejamento** do desenvolvimento das cidades, da distribuição espacial da população e das atividades econômicas do Município e do território sob sua área de influência. O objetivo é evitar e corrigir as distorções do crescimento urbano e seus efeitos negativos sobre o meio ambiente.

O planejamento constitui **princípio** do direito urbanístico, conforme analisado anteriormente (Capítulo 1).

3.2.5 Ordenação e controle do uso do solo

Um dos aspectos fundamentais da tutela da política urbana é o uso do solo, que deve ser objeto de ordenação e controle. O art. 30, inciso VIII, CF, faz expressa referência ao "ordenamento territorial" que os Municípios devem promover. Pretende-se com isso evitar uma série de consequências deletérias, como a utilização inadequada dos imóveis urbanos, a proximidade de usos incompatíveis ou inconvenientes, a deterioração das áreas urbanizadas, a retenção especulativa de imóvel urbano etc. "Os elementos básicos de ordenação do solo devem figurar no plano diretor, sendo depois especificados em leis próprias, como, por exemplo, a lei do zoneamento, lei de parcelamento do solo (respeitada, no caso, a legislação federal)" (MEDAUAR, 2002, p. 21).

Imagine-se o exemplo da instalação de um *shopping center* em determinado bairro da cidade. Considerando que tal empreendimento constitui um polo gerador de tráfego, de modo a impactar o trânsito da região, o respectivo licenciamento do centro de compras deve atentar para a infraestrutura da área envoltória, evitando agravar a qualidade de vida de seus habitantes.

3.2.6 Integração entre áreas rurais e urbanas

O território de uma cidade contempla não apenas a zona urbana, mas também a rural, o que exige uma integração entre as atividades desenvolvidas nestas áreas (inciso VIII). O escopo é o desenvolvimento socioeconômico do Município.

3.2.7 Justa distribuição dos benefícios e ônus

O Estatuto da Cidade impõe a **justa distribuição dos benefícios e ônus** decorrentes do processo de urbanização (inciso IX). Constitui **princípio** do direito urbanístico, conforme análise anterior (Capítulo 1). Trata-se de diretriz associada a outras contempladas no art. 2º, como:

- recuperação dos investimentos do Poder Público de que tenha resultado a valorização de imóveis urbanos;
- isonomia de condições para os agentes públicos e privados na promoção de empreendimentos e atividades relativos ao processo de urbanização, atendido o interesse social.

3.2.8 Adequação dos instrumentos econômicos *lato sensu* à política urbana

Necessária a adequação dos instrumentos de política econômica, tributária e financeira e dos gastos públicos aos objetivos do desenvolvimento urbano, de modo a privilegiar os investimentos geradores de bem-estar geral e a fruição dos bens pelos diferentes segmentos sociais (inciso X).

3.2.9 Regularização fundiária

A **regularização fundiária** detém nítida finalidade social, de modo a favorecer os hipossuficientes. Nesse sentido, o Estatuto da Cidade prescreve a diretriz associada à "regularização fundiária e urbanização de áreas ocupadas por população de baixa renda mediante o estabelecimento de normas especiais de urbanização, uso e ocupação do solo e edificação, consideradas a situação socioeconômica da população e as normas ambientais" (inciso XIV).

Essa diretiva representa verdadeira revolução no trato das ocupações irregulares.

> Até então a incompatibilidade entre as ocupações populares e a ordem urbanística ideal tinha como consequência a

ilegalidade daquelas (sendo a superação desse estado um dever dos responsáveis pela irregularidade – isto é, dos próprios ocupantes). Com o Estatuto a equação se inverte: a legislação deve servir não para impor um ideal idílico de urbanismo, mas para construir um urbanismo a partir dos dados da vida real. Desse modo, o descompasso entre a situação efetiva das ocupações populares e a regularização urbanística terá como consequência a ilegalidade desta última, e não o contrário (SUNDFELD, 2002, p. 59-60).

O regime da regularização fundiária sofre disciplina pela Lei nº 13.465/2017, objeto de estudo adiante (Capítulo 9).

3.2.10 Simplificação

Outra orientação envolve a **simplificação** da legislação de parcelamento, uso e ocupação do solo e das normas edilícias, com vistas a permitir a redução dos custos e o aumento da oferta dos lotes e unidades habitacionais (inciso XV). Além disso, objetiva-se a compreensão das regras urbanísticas pela população, o que favorece a própria participação social na política urbana (MEDAUAR, 2002, p. 25).

3.2.11 Higidez dos espaços internos

O Estatuto da Cidade impõe a diretiva que assegura condições condignas de acessibilidade, utilização e conforto nas dependências internas das edificações urbanas, inclusive nas destinadas à moradia e ao serviço dos trabalhadores domésticos, observados requisitos mínimos de dimensionamento, ventilação, iluminação, ergonomia, privacidade e qualidade dos materiais empregados (inciso XIX incluído pela Lei nº 13.699/2018).

3.3 Resumo esquemático das diretrizes do Estatuto da Cidade

DIRETRIZ	SIGNIFICADO
Cidades sustentáveis	■ espaço que proporcione bem-estar aos habitantes; ■ direito à terra urbana, à moradia, ao saneamento, à infraestrutura urbana, ao transporte, ao trabalho e ao lazer.
Gestão democrática	■ participação popular; ■ instrumentos: órgãos colegiados de política urbana; debates, audiências e consultas públicas; iniciativa popular de projeto de lei e de planos, programas e projetos de desenvolvimento urbano.
Cooperação	■ parceria entre o setor público e o privado.
Planejamento	■ princípio do planejamento; ■ elaboração de planos.
Ordenação e controle do uso do solo	■ evitar a desordem urbanística e exercer o poder de polícia urbanístico.
Integração de áreas urbanas e rurais	■ sinergia entre as zonas urbanas e rurais, que são interdependentes.
Justa distribuição dos benefícios e ônus	■ aplicação ao direito urbanístico do princípio da isonomia.
Adequação dos instrumentos econômicos *lato sensu*	■ escopo: privilegiar os investimentos geradores de bem-estar geral e a fruição dos bens pelos diferentes segmentos sociais.
Regularização fundiária	■ estabelecimento de normas especiais de urbanização, uso e ocupação do solo e edificação; ■ finalidade social.
Simplificação	■ redução dos custos e o aumento da oferta dos lotes e unidades habitacionais; ■ facilitação da compreensão pela população.
Higidez dos espaços internos	■ assegura condições condignas de acessibilidade, utilização e conforto nas dependências internas das edificações urbanas.

3.4 Improbidade administrativa urbanística

Pode-se atribuir, como diretriz implícita do Estatuto da Cidade, a responsabilização pela infringência aos seus comandos. Com base em tal orientação é que o art. 52 da lei considera ato de **improbidade administrativa** as situações ali elencadas.

Vale ressaltar que o regime da improbidade administrativa tem assento constitucional (art. 37, § 4º) e legal (Lei nº 8.429/1992). As modalidades de improbidade podem ser classificadas, como regra, em três categorias: enriquecimento ilícito (art. 9º); dano ao erário (art. 10) e violação aos princípios da administração (art. 11). Cada um desses dispositivos é integrado por uma série de hipóteses.

Para além das situações reputadas como atos ímprobos pela Lei nº 8.429/1992, o Estatuto da Cidade elenca diversos outros. De fato, estão contempladas no art. 52 as seguintes hipóteses:

- deixar de proceder, no prazo de cinco anos, o adequado aproveitamento do imóvel incorporado ao patrimônio público em razão da **desapropriação urbanística**;
- utilizar áreas obtidas por meio do **direito de preempção** em desacordo com as finalidades previstas em seu art. 26, bem como adquirir imóvel com base em tal direito, em valor comprovadamente superior do de mercado;
- aplicar os recursos auferidos com a **outorga onerosa do direito de construir** e de **alteração de uso** em desacordo com as finalidades previstas em seu art. 26;
- não aplicar os recursos auferidos com **operações urbanas consorciadas** na própria operação;
- não observar, no processo de elaboração do **plano diretor** e na fiscalização de sua implementação, a participação da

sociedade civil, tampouco garantir a respectiva publicidade e o acesso a informações e documentos correlatos;
- deixar de tomar as providências necessárias para garantir a observância da instituição de **plano diretor**, quanto obrigatório, ou para proceder à sua revisão.

Verifique-se, portanto, que as hipóteses estão todas relacionadas aos instrumentos de tutela da política urbana, objeto de estudo nos dois próximos capítulos.

A responsabilidade recai sobre o Prefeito, sem prejuízo da punição a outros agentes públicos envolvidos.

4

Plano diretor

4.1 Introdução

O **plano diretor** está associado à diretriz urbanística que enfatiza o **planejamento**, verdadeiro princípio do direito urbanístico. De fato, a ação de planejar é reputada fundamental ao crescimento racional e ordenado dos núcleos urbanos (CÂMARA, 2002, p. 306). Tanto assim que a Constituição elevou "a planificação urbana, em geral, e o plano diretor, em especial, à categoria de instrumentos jurídicos indispensáveis à adoção das políticas urbanas" (CÂMARA, 2002, p. 306).

Verifica-se que o plano diretor encontra uma disciplina geral na Constituição Federal (art. 182). Em relação ao seu regramento jurídico específico, a disciplina é feita no Estatuto da Cidade (arts. 39 a 42-B).

A CF destaca a relevância do **plano diretor**, ao lhe atribuir a condição de **instrumento básico** da política de desenvolvimento e de expansão urbana (art. 182, § 1º, CF e art. 40 do Estatuto da Cidade). Tanto assim que o conteúdo da função social da propriedade urbana é extraído dos ditames contemplados no plano diretor. É o que prevê expressamente o § 2º do mesmo art. 182: "A propriedade urbana cumpre sua função social quando atende às exigências fundamentais de ordenação da cidade expressas no plano diretor". A mesma prescrição está contida no art. 39 do Estatuto da Cidade.

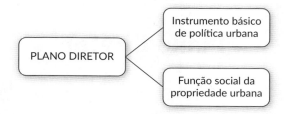

Qual a **natureza jurídica** do plano diretor? Antes da Constituição Federal de 1988, havia discussão a respeito deste tema, sobretudo se havia a possibilidade de o plano poder ser expedido por decreto do Poder Executivo. No entanto, em razão do art. 182, § 1º, da CF, a natureza mostra-se unívoca: trata-se de **lei municipal**, já que constitui instrumento "aprovado pela Câmara Municipal".

Atenção!

Qual o quórum de aprovação legislativa do plano diretor?

Considerando que o plano diretor constitui lei municipal, questiona-se qual o quórum para a sua respectiva aprovação pela Câmara Municipal.

Inexiste norma geral que discipline este quórum. A matéria é objeto de disciplina normativa específica em cada Município, sobretudo na respectiva Lei Orgânica Municipal.

Cite-se o exemplo do Município de São Paulo, que prevê o quórum especial de 3/5 (três quintos) dos membros da Câmara (art. 40, § 4º, inciso II, Lei Orgânica do Município de São Paulo).

No processo de elaboração do plano diretor e na fiscalização de sua implementação, os Poderes Legislativo e Executivo municipais deverão garantir:

- a implementação do princípio da democracia participativa, mediante a promoção de audiências públicas e debates com a participação da população e de associações representativas dos vários segmentos da comunidade;
- a concretização do princípio da publicidade, com a divulgação e a possibilidade de acesso dos documentos e informações produzidas.

Além disso, o plano diretor deve ser **revisto**, pelo menos, a cada **dez anos** (art. 40, § 3º, do Estatuto da Cidade).

4.2 Abrangência

Em relação à área de abrangência do plano diretor, deverá englobar o **território do Município como um todo** (art. 40, § 2º, do Estatuto da Cidade). Abrange, portanto, tanto a área **urbana** quanto a área **rural**.

Atenção!

Embora o plano diretor seja o principal instrumento da política **urbana**, trata-se de lei que abrange todo o território municipal, de modo a abarcar não apenas a zona **urbana**, mas também a **rural**. Reitere-se que uma das diretrizes da política urbana é a integração e complementaridade entre as atividades urbanas e rurais (art. 2º, inciso VII, do Estatuto da Cidade).

A possibilidade de inclusão da área rural deve ser compreendida de modo juridicamente adequado.

Não é porque o plano diretor deve abranger toda a área do Município, inclusive a rural, que o legislador poderá, no exercício dessa competência específica, prescrever políticas agrárias ou disciplinar o uso dos imóveis rurais. Se assim o fizesse estaria, efetivamente, usurpando competência legislativa exclusiva da União (CÂMARA, 2002, p. 312).

Sendo este apontamento relacionado ao direito civil e agrário (art. 22, inciso I, CF). Por isso, o Município "deve se ater a aspectos urbanísticos" (CÂMARA, 2002, p. 312), como, por exemplo, a disciplina da expansão urbana sobre as áreas rurais.

4.3 Hipóteses de obrigatoriedade

O Brasil possui mais de 5.500 (cinco mil e quinhentos) Municípios. Todos eles devem necessariamente contar com plano diretor?

A Constituição Federal estabelece que esta lei municipal urbanística é obrigatória para Municípios com mais de 20.000 (vinte mil) habitantes (art. 182, § 1º).

Já o Estatuto da Cidade prevê outras hipóteses de obrigatoriedade. Embora o tema seja polêmico, prevalece o entendimento de que essas situações adicionais, não previstas na Carta Maior, são constitucionais. Estão elas elencadas no art. 41, abarcando as cidades:

- com mais de **vinte mil habitantes**. Trata-se da mesma hipótese constitucional;
- integrantes de **regiões metropolitanas** e **aglomerações urbanas**. Atenção! As microrregiões não estão previstas;

- onde o Poder Público municipal pretenda utilizar os **instrumentos urbanísticos** previstos no § 4° do art. 182 da CF (utilização compulsória, IPTU progressivo no tempo e desapropriação urbanística sancionatória);
- integrantes de **áreas de especial interesse turístico**;
- inseridas na **área de influência** de empreendimentos ou atividades com **significativo impacto ambiental** de âmbito regional ou nacional. Exemplo: Município inserido na área de influência de uma hidrelétrica (nesta hipótese, os recursos técnicos e financeiros para a elaboração do plano diretor estarão inseridos entre as medidas de compensação adotadas);
- incluídas no cadastro nacional de Municípios com áreas suscetíveis à ocorrência de **desastres** (deslizamentos de grande impacto, inundações bruscas ou processos geológicos ou hidrológicos correlatos).

O não atendimento à obrigação de editar plano diretor gera, entre outras consequências, à responsabilidade do **Prefeito** por **improbidade administrativa** (art. 52, inciso VII).

Além disso, no caso de cidades com mais de **500.000 (quinhentos mil) habitantes**, deverá ser elaborado um **plano de transporte urbano integrado**, compatível com o plano diretor ou nele inserido.

Jurisprudência do STF

A Constituição do Estado do Amapá estabelecia que "o plano diretor, instrumento básico da política de desenvolvimento econômico e social e de expansão urbana, aprovado pela Câmara Municipal, é **obrigatório para os Municípios com mais de cinco mil habitantes**" (art. 195).

No entanto, ao apreciar a juridicidade deste preceito, o STF reputou-o **inconstitucional**. "Essa norma constitucional estadual estendeu aos Municípios com número de habitantes superior a cinco mil a imposição que a CF só fez àqueles com mais de vinte mil (art. 182, § 1º). Desse modo, violou o princípio da autonomia dos Municípios com mais de cinco mil e até vinte mil habitantes" (ADI 826/AP, Pleno, Rel. Min. Sydney Sanches, *DJ* 12.03.1999).

Em 2015 foi inserido no Estatuto da Cidade, pela Lei nº 13.146 (Estatuto da Pessoa com Deficiência), o § 3º ao art. 41, prescrevendo a necessidade, no âmbito do plano diretor, de elaborar **plano de rotas acessíveis**, que disponha sobre os passeios públicos a serem implantados ou reformados pelo poder público, com vistas a garantir acessibilidade da pessoa com deficiência ou com mobilidade reduzida a todas as rotas e vias existentes, inclusive as que concentrem os focos geradores de maior circulação de pedestres, sempre que possível de maneira integrada com os sistemas de transporte coletivo de passageiros.

4.4 Conteúdo do plano diretor

O Estatuto da Cidade disciplina o conteúdo mínimo do plano diretor, o qual deverá conter necessariamente as seguintes matérias (art. 42):

- delimitação das áreas urbanas onde poderá ser aplicado o parcelamento, edificação ou utilização compulsórios, considerando a existência de infraestrutura e de demanda para utilização;
- direito de preempção;
- outorga onerosa do direito de construir;

- delimitação das áreas nas quais poderá ser permitida alteração de uso do solo, mediante contrapartida a ser prestada pelo beneficiário;
- operações urbanas consorciadas;
- transferência do direito de construir;
- sistema de acompanhamento e controle.

Trata-se de conteúdo mínimo compatível com a própria funcionalidade do plano diretor, adstrita à delimitação da função social da propriedade urbana.

Além disso, o plano diretor dos Municípios incluídos no cadastro nacional de municípios com áreas suscetíveis à ocorrência de desastres (deslizamentos de grande impacto, inundações bruscas ou processos geológicos ou hidrológicos correlatos) deverá conter, entre outras disciplinas, o mapeamento contendo as áreas suscetíveis à ocorrência de desastres e o planejamento de ações de intervenção preventiva e realocação de população de áreas de risco.

5

Estatuto da cidade: instrumentos

5.1 Intervenção do Estado na propriedade

Do Estado predominantemente liberal dos séculos XVIII e XIX, passou-se a um Estado cuja intervenção, em maior ou menor grau, passou a ser legitimada. De fato, foi-se percebendo que a consecução do bem comum, objetivo maior da instituição estatal, apenas poderia ser perseguida por meio de uma atuação do Poder Público na esfera jurídica dos particulares, inclusive em relação à propriedade. Isso se deu pela necessidade de limitar a propriedade, por exemplo, no sentido de adequar as construções a determinados padrões urbanísticos (recuos, altura das edificações etc.).

Nesse contexto, o interesse público é que legitima a intromissão estatal no domínio particular, o que permite concluir que o fundamento da intervenção estatal na propriedade encontra-se, de maneira genérica, no princípio da supremacia do interesse público sobre o privado.

Tais aspectos estão intrinsecamente relacionados aos instrumentos da política urbana, muitos deles embasados da prerrogativa estatal de intervir na propriedade.

5.2 Instrumentos da política urbana

A tutela da política urbana exige, para a sua implementação, de **instrumentos** que deem concretude às múltiplas diretrizes do regramento urbanístico. Eles representam os meios necessários para a consecução dos objetivos envolvendo os interesses dos habitantes das cidades.

O Estatuto da Cidade elenca uma série de instrumentos no art. 4°, distribuídos em diversas categorias, conforme indicação esquemática a seguir:

CATEGORIA	INSTRUMENTOS
INSTRUMENTOS BASEADOS NO PLANEJAMENTO	■ Planos urbanísticos nacionais, regionais e estaduais; ■ Planejamento das regiões metropolitanas, aglomerações urbanas e microrregiões; ■ Plano diretor e demais disciplinas municipais urbanísticas (exemplo: lei de parcelamento, uso e ocupação do solo); ■ Leis orçamentárias (plano plurianual, orçamento anual etc.); ■ Gestão orçamentária participativa.
INSTITUTOS TRIBUTÁRIOS E FINANCEIROS	■ IPTU; ■ Contribuição de melhoria; ■ Incentivos e benefícios fiscais e financeiros.

CATEGORIA	INSTRUMENTOS
INSTITUTOS JURÍDICOS E POLÍTICOS	■ Desapropriação; ■ Servidão; ■ Limitações administrativas; ■ Tombamento de imóveis ou de mobiliário urbano; ■ Unidades de Conservação; ■ Zonas especiais de interesse social (ZEIS); ■ Concessão de direito real de uso; ■ Concessão de uso especial para fins de moradia; ■ Parcelamento, edificação ou utilização compulsórios; ■ Usucapião especial de imóvel urbano; ■ Direito de superfície; ■ Direito de preempção; ■ Outorga onerosa do direito de construir e de alteração de uso; ■ Transferência do direito de construir; ■ Operações urbanas consorciadas; ■ Regularização fundiária; ■ Assistência técnica e jurídica gratuita para as comunidades e grupos sociais menos favorecidos; ■ Referendo popular e plebiscito; ■ Demarcação urbanística para fins de regularização fundiária; ■ Legitimação de posse.
ESTUDOS PRÉVIOS	■ Estudo prévio de impacto ambiental (EIA); ■ Estudo prévio de impacto de vizinhança (EIV).

Verifica-se que os instrumentos assumem naturezas diversas. Alguns representam leis (a exemplo do plano diretor e do plano plurianual); outros, atos administrativos (como a concessão de uso especial para fins de moradia); e outros ainda, políticas públicas urbanísticas (gestão participativa, incentivos fiscais etc.).

A efetivação de vários instrumentos previstos na Lei nº 10.257/2001, que os disciplina do modo geral, depende de normatização pelas instâncias municipais. De fato, essa coexistência legislativa representa uma característica do direito urbanístico brasileiro, o que faz do Estatuto da Cidade um "conjunto normativo intermediário" (SUNDFELD, 2002, p. 52), dependente de "desdobramentos legislativos ulteriores" (SUNDFELD, 2002, p. 52).

Esquematicamente, essa **cadeia normativa urbanística** pode ser assim representada.

Cabe a ressalva de que alguns instrumentos de tutela urbana dispensam essa complementação legislativa, a exemplo do direito de superfície e da concessão de uso especial para fins de moradia. Esses mecanismos, portanto, podem ser aplicados automaticamente, *ex vi* das normas nacionais que os disciplinam.

5.3 Do parcelamento, edificação ou utilização compulsórios

5.3.1 Natureza

Trata-se de instrumento previsto no art. 182, § 4º, inciso I, da CF, e disciplinado nos arts. 5º e 6º do Estatuto da Cidade.

Um dos objetivos maiores da política urbana é o atendimento pela propriedade urbana de sua função social, que representa destacado princípio do direito urbanístico (cf. Capítulo 1). Dessa forma, o proprietário, embora possa exercer os poderes decorrentes de seu domínio sobre a coisa (uso, gozo e disposição), não pode fazê-lo de modo absoluto e ilimitado. Deve atender à sua função coletiva, conforme as especificações fixadas no plano diretor.

Trata-se de uma **obrigação de fazer** imposta ao proprietário, no sentido do aproveitamento do bem e cujo descumprimento gera uma reação do ordenamento jurídico. De acordo com a doutrina, o aproveitamento compulsório urbanístico detém a natureza de **limitação administrativa**, que representa uma medida de caráter geral que gera para os proprietários condicionamentos no exercício do respectivo direito, tendo em vista o interesse coletivo.

Qual o conteúdo desta obrigação? Conquanto o teor específico sofra disciplina na lei municipal urbanística, a

Constituição Federal e o Estatuto da Cidade apontam os respectivos parâmetros. De fato, estabelece a Carta Maior (art. 182, § 4º) que pode ser exigido do proprietário do solo urbano não edificado, subutilizado ou não utilizado, que promova seu adequado aproveitamento, sob pena de **parcelamento**, **edificação** ou **utilização** compulsórios. Considera-se subutilizado o imóvel cujo aproveitamento seja inferior ao mínimo definido no plano diretor (ou em legislação dele decorrente).

5.3.2 Procedimento legislativo

A implementação do aproveitamento compulsório está condicionada à edição de duas categorias de leis municipais (art. 5º do Estatuto da Cidade). Em primeiro lugar, o plano diretor, que procede ao mapeamento da cidade, com a inclusão de áreas identificadas como pouco aderentes à função social da propriedade. Em segundo lugar, lei local específica, a qual efetivamente impõe ao proprietário de imóvel não edificado, não utilizado ou subutilizado a obrigação de conferir ao bem uma destinação adequada.

5.3.3 Procedimento administrativo

Após a edição das leis voltadas ao aproveitamento compulsório, a Administração municipal pode tomar, no âmbito de um processo administrativo, as medidas concretas para a sua efetivação.

O procedimento administrativo referente à aplicação deste instrumento está previsto no Estatuto da Cidade (art. 5º, §§ 2º a 4º). O proprietário será **notificado** pela Administração para o cumprimento da obrigação. Essa notificação deve ser feita pessoalmente, por intermédio de servidor do órgão administrativo competente, ao proprietário do imóvel (ou, em caso de este ser pessoa jurídica, a quem tenha poderes de gerência geral ou administração). Quando frustrada, por 3 (três) vezes, a tentativa de notificação pessoal, deverá ela ser feita por edital.

Além disso, necessária a averbação da notificação no cartório de registro de imóveis.

Devem ser observados os **prazos mínimos** para o cumprimento, da seguinte forma:

- prazo de **1 (um) ano**, a partir da notificação, para que seja protocolado o projeto no órgão municipal competente;
- prazo de **2 (dois) anos**, a partir da aprovação do projeto, para iniciar as obras do empreendimento.

Em empreendimentos de grande porte, em caráter excepcional, a lei municipal específica poderá prever a conclusão em etapas, assegurando-se que o projeto aprovado compreenda o empreendimento como um todo.

A transmissão do imóvel, seja por ato *inter vivos* ou *causa mortis*, posterior à data da notificação suprarreferida, transfere as obrigações de aproveitamento compulsório, sem interrupção de quaisquer prazos. Trata-se, portanto, de **obrigação de natureza real**, *propter rem*.

5.4 IPTU progressivo no tempo

5.4.1 Introdução

Trata-se de instrumento previsto no art. 182, § 4°, inciso II, da CF, e disciplinado no art. 7° do Estatuto da Cidade.

Em caso de descumprimento da obrigação anterior (parcelamento, utilização ou edificação compulsória), a Administração pode aplicar o instrumento do **IPTU progressivo no tempo**. A medida representa uma **sanção**, consistente na majoração da alíquota do imposto territorial urbano pelo prazo de cinco anos consecutivos.

Trata-se de instrumento previsto no art. 7° do Estatuto da Cidade. Aliás, o Supremo Tribunal Federal já decidiu que a "cobrança do IPTU progressivo para fins extrafiscais, hipótese prevista no art. 182, § 4°, inciso II, da CF/1988, somente se tornou possível a partir da edição da Lei n° 10.257/2001" (RE 338.589 AgR, 2ª Turma, Rel. Min. Eros Grau, *DJ* 15.08.2008).

Atenção!

Relevante consignar a existência de **duas modalidades** de **IPTU progressivo**, ambas previstas na Constituição Federal. No entanto, trata-se de categorias distintas de tributos.

O **IPTU progressivo no tempo** representa instrumento urbanístico previsto no art. 182, § 4°, inciso II, da CF, e detém caráter **extrafiscal**, alheio, portanto, a um objetivo meramente arrecadatório. De fato, o seu escopo é a intervenção e regulamentação da propriedade.

Já o **IPTU progressivo** encontra-se previsto no art. 156, § 1°, CF, que prevê a progressividade em razão do valor do imóvel, ou seja, quanto maior o valor do bem, maior a alíquota. Apresenta caráter **fiscal**, com objetivo eminentemente de arrecadação.

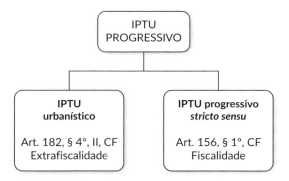

A jurisprudência do STF já se manifestou acerca da distinção de regimes desses impostos, conforme se extrai da seguinte decisão: "1. A **progressividade extrafiscal**, baseada na função social da propriedade, sempre foi permitida pelo texto Constitucional. Esta é a modalidade de progressividade que se opera conforme as condições previstas pelo **Estatuto da Cidade**. 2. A **progressividade fiscal**, dita arrecadatória, só foi viabilizada após constar da Constituição Federal o permissivo trazido pela Emenda Constitucional nº 29/2000. Nesse caso, a progressividade é mecanismo de concreção da capacidade contributiva e opera-se com a majoração de alíquotas em relação diretamente proporcional ao aumento da base de cálculo" (ARE 639.632 AgR, 1ª Turma, Rel. Min. Roberto Barroso, *DJe* 25.11.2013).

Também vale destacar a Súmula nº 668 do STF: "É inconstitucional a lei municipal que tenha estabelecido, antes da EC nº 29/2000, alíquotas progressivas para o IPTU, salvo se destinada a assegurar o cumprimento da função social da propriedade urbana".

A propósito, esse instrumento urbanístico está associado à **função extrafiscal** dos impostos, alheio, portanto, a um objetivo meramente arrecadatório. De fato, o IPTU progressivo no tempo constitui mecanismo de intervenção e regulamentação da propriedade.

5.4.2 Regras de incidência

As regras de incidência do IPTU progressivo no tempo são:

- O valor da alíquota não pode exceder **duas vezes** a do ano anterior. Ou seja, de um ano para o outro, a alíquota pode, no máximo, dobrar.
- A **alíquota máxima é de 15% (quinze por cento)**, podendo ser aplicada indefinidamente após o prazo de 5 (cinco) anos de progressão, sem prejuízo da utilização do próximo instrumento (desapropriação urbanística sancionatória).

Ademais, é vedada a concessão de isenção ou de anistia relativa à tributação decorrente do IPTU progressivo no tempo.

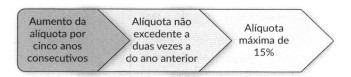

5.5 Desapropriação urbanística sancionatória

5.5.1 Introdução

Convém inicialmente tecer comentários ao instituto da **desapropriação**, o qual, dentre as modalidades de intervenção na propriedade, representa a mais pungente de todas, na medida em que extingue o direito de propriedade do particular.

Desapropriação (ou expropriação) pode ser definida como o processo pelo qual a Administração retira compulsoriamente de alguém a propriedade de um bem, que passa a integrar o patrimônio público, em virtude de necessidade pública, utilidade pública ou interesse social, mediante o pagamento de indenização.

A Constituição Federal prevê esse instituto em vários dispositivos, entre os quais o art. 22, inciso II, que atribui à União a competência para legislar privativamente sobre a matéria de desapropriação. Por conta disso é que se destacam as leis federais sobre o tema, a exemplo das seguintes:

- Decreto-lei n° 3.365/1941 (que dispõe sobre a desapropriação por utilidade e necessidade pública).
- Lei n° 4.132/1962 (desapropriação por interesse social).
- Lei n° 8.629/1993 e Lei Complementar n° 76/1993 (desapropriação para fins de reforma agrária).

■ Lei n° 10.257/2001 (o Estatuto da Cidade, que prevê a expropriação objeto de estudo a seguir).

Outro preceito constitucional que merece ser citado é aquele inserido no capítulo dos direitos e garantias constitucionais, mais precisamente no inciso XXIV do art. 5°, que assim dispõe: "A lei estabelecerá o procedimento para desapropriação por necessidade ou utilidade pública, ou por interesse social, mediante justa e prévia indenização em dinheiro, ressalvados os casos previstos nesta Constituição". Preceito similar encontra-se previsto no art. 182, § 3°: "As desapropriações de imóveis urbanos serão feitas com prévia e justa indenização em dinheiro".

A ressalva do art. 5°, inciso XXIV, refere-se às hipóteses excepcionais em que a indenização não assume as características gerais estampadas no mesmo dispositivo (indenização justa, prévia e em dinheiro). Trata-se das chamadas **desapropriações extraordinárias**, todas igualmente previstas na Constituição Federal. São elas:

■ Desapropriação por descumprimento da função social da propriedade urbana (art. 182, § 4°, inciso III).
■ Desapropriação por descumprimento da função social da propriedade rural (art. 184).
■ Desapropriação de propriedades rurais e urbanas em que forem localizadas culturas ilegais de plantas psicotrópicas ou a exploração de trabalho escravo (art. 243, conforme redação dada pela EC n° 81/2014).

5.5.2 Desapropriação prevista no art. 182, § 4°, inciso III, CF

Como já referido, caso o particular, mesmo diante da notificação administrativa, descumpra com a obrigação de cumprir a função social da propriedade, o ordenamento jurídico confere à Administração a prerrogativa de aplicar o IPTU progressivo no tempo. Na hipótese de o particular persistir no inadimplemento, cabível à Administração promover a desapropriação por descumprimento da função social da propriedade urbana, de acordo com o art. 182, § 4°, inciso III, CF.

Representa, portanto, uma desapropriação com nítido caráter de penalidade, o que justifica a sua terminologia: **desapropriação urbana sancionatória**.

Importante!

Aplicação sucessiva dos instrumentos do art. 182, § 4°, CF

Relevante destacar que a aplicação dos instrumentos urbanísticos previsto no art. 182, § 4°, da CF é feita de modo sucessivo, na ordem dos incisos I a III. Dessa forma, esquematicamente:

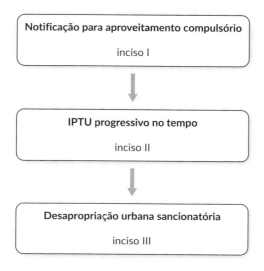

O STJ, ao julgar questão tributária relacionada ao IPTU progressivo no tempo cobrado pelo Município de Londrina, avalizou o entendimento segundo o qual devem ser observados os requisitos estampados no Estatuto da Cidade, entre as quais a notificação do proprietário (AgRg no AgRg no AREsp 117.494/PR, 2ª Turma, Rel. Min. Humberto Martins, DJe 02.05.2012). "Somente após o não atendimento, pelo contribuinte, das determinações contidas no referido estatuto da cidade, é que será possível a cobrança de IPTU progressivo. No caso em tela, no entanto, em momento algum houve, por parte do Município ora apelante, a demonstração do cumprimento dos requisitos e determinações acima elencados. Desta forma, não há que se falar em possibilidade de cobrança de alíquotas progressivas do IPTU".

A competência para promover essa desapropriação é **exclusiva** do **Município**, falecendo atribuição dos Estados e da União para tanto.

Quanto ao procedimento da respectiva ação expropriatória, entende-se que se aplicam os ditames do Decreto-lei nº 3.365/1941.

Após a incorporação do bem ao patrimônio público, o Município deve proceder ao adequado aproveitamento do imóvel no **prazo máximo de 5 (cinco) anos**. O não atendimento a esse prazo acarreta a responsabilidade do prefeito por **improbidade administrativa** (art. 52, inciso II, do Estatuto da Cidade). Esse aproveitamento pode ser efetivado diretamente pelo Poder Público ou por meio de alienação ou concessão a terceiros, observando-se, nesses casos, o devido procedimento licitatório. Evidentemente, ficam mantidas para o adquirente do imóvel as mesmas obrigações de parcelamento, edificação ou utilização compulsórios.

Atenção!

Considere a seguinte situação hipotética: o governo de um Estado da Federação pretende construir uma escola pública. Constatou a existência de uma área de dimensão compatível, situada em área incluída no Plano Diretor e objeto de utilização compulsória por lei municipal. O proprietário deste imóvel foi notificado pelo Município há vários anos para a utilização compulsória, porém manteve-se inerte, motivo pelo qual lhe vem sendo cominado o IPTU progressivo no tempo.

Questiona-se se referido Estado pode desapropriar tal terreno.

Embora o Estado **não** possa promover a desapropriação extraordinária urbana sancionatória (de competência exclusiva dos Municípios), pode promover a desapropriação ordinária do imóvel por utilidade pública, todavia mediante justa e prévia indenização, em dinheiro.

5.5.3 Indenização

A indenização da desapropriação urbanística sancionatória segue um regime peculiar. O seu pagamento não é feito em dinheiro, e sim mediante **títulos da dívida pública**, os quais devem ser previamente **aprovados pelo Senado Federal**.

O prazo de resgate dos títulos é de **até 10 (dez) anos**. As parcelas são **anuais, iguais e sucessivas**. Além disso, devem ser assegurados o **valor real** da indenização e os **juros legais**. Ademais, os títulos não terão poder liberatório para pagamento de tributos.

Os juros legais (juros moratórios) são de **6% (seis por cento) ao ano**.

Já em relação ao valor real da indenização, o parâmetro para a sua fixação é a base de cálculo do IPTU, devendo ser descontado o montante incorporado em função de obras realizadas pelo Poder Público na área onde o mesmo se localiza após a notificação.

Atenção!

Relevante observar que **não** serão computadas na indenização as **expectativas de ganhos**, os **lucros cessantes** e os **juros compensatórios**.

Convém reiterar que "o proprietário está sofrendo a desapropriação por não estar fazendo seu imóvel cumprir a função social. Por outras palavras, está exercendo abusivamente (de modo ilícito) seu direito" (ALMEIDA, 2002, p. 74). Nesse sentido, não há que se falar em expectativa de ganhos, lucros cessantes e juros compensatórios, "no sentido de direito indenizável, em face de exercício abusivo do direito de propriedade" (ALMEIDA, 2002, p. 75). Tais acréscimos decorriam de ato ilícito, o que não se pode admitir.

INDENIZAÇÃO	
Desapropriação urbanística sancionatória	
PAGAMENTO	Títulos da dívida pública **Observação:** aprovação prévia pelo Senado Federal.
PRAZO DE RESGATE	Até 10 (dez) anos
PARCELAS	■ anuais ■ iguais ■ sucessivas
JUROS LEGAIS (MORATÓRIOS)	■ 6% (seis por cento) ao ano
VALOR REAL	■ Base de cálculo do IPTU; ■ Desconto do sobrevalor (montante decorrente de obras realizadas pelo Poder Público); ■ Não incluem: ☐ expectativa de ganhos; ☐ lucros cessantes; ☐ juros compensatórios.
OS TÍTULOS TÊM PODER LIBERATÓRIO PARA PAGAMENTO DE TRIBUTOS?	Não

5.6 Usucapião especial de imóvel urbano

A usucapião constitui forma de prescrição aquisitiva da propriedade, de modo que, preenchidos determinados requisitos, o ocupante adquire o domínio sobre o bem. Existem diversas **espécies** de usucapião de bem imóvel, entre as quais:

- usucapião ordinária (art. 1.242 do Código Civil);
- usucapião extraordinária (art. 1.238 do Código Civil);
- usucapião especial rural (art. 1.239 do Código Civil);
- usucapião especial urbana (art. 183 da CF; art. 9º do Estatuto da Cidade; art. 1.240 do Código Civil);
- usucapião coletiva (art. 10 do Estatuto da Cidade; art. 1.228, § 4º, do Código Civil).

Verifica-se, portanto, que o **Estatuto da Cidade** prevê **duas categorias** de usucapião urbanística.

5.6.1 Usucapião especial individual urbanística

A Constituição disciplina no art. 183 a **usucapião especial de imóvel urbano**. Desse modo, aquele que possuir como sua área urbana de até 250 m² (duzentos e cinquenta metros quadrados), por cinco anos, ininterruptamente e sem oposição, utilizando-a para sua moradia ou de sua família, adquire o domínio, desde que não seja proprietário de outro imóvel urbano ou rural. O mesmo regramento encontra-se no art. 9º do Estatuto da Cidade.

Os **requisitos** para a aquisição da propriedade são os seguintes:

- posse de área ou edificação urbana de até 250 m²;
- prazo de cinco anos ininterruptos;

- inexistência de oposição;
- utilização do bem para moradia;
- beneficiário não pode ser proprietário de outro imóvel urbano ou rural.

No que se refere à caracterização da ocupação, o herdeiro legítimo continua a posse de seu antecessor, desde que já resida no imóvel por ocasião da abertura da sucessão.

O título de domínio será conferido ao homem ou à mulher, ou a ambos, independentemente do estado civil. Além disso, o direito não será reconhecido ao mesmo possuidor mais de uma vez.

Jurisprudência do STF

O STF julgou caso relacionado a uma lei municipal que fixava o módulo urbano mínimo, para fins de parcelamento urbano, em 360 m², de modo a inviabilizar reflexamente a usucapião especial urbana, garantida constitucionalmente no art. 183, que impõe requisito de área urbana de até 250 m².

A Corte ponderou que esta modalidade de "aquisição da propriedade imobiliária foi incluída em nossa Carta como forma de permitir o acesso dos mais humildes a melhores condições de moradia, bem como para fazer valer o respeito à dignidade da pessoa humana, erigido a um dos fundamentos da República (art. 1º, inciso III, da Constituição Federal)".

Assim, entendeu-se que a garantia à usucapião especial não pode deixar de ser reconhecida em área inferior ao módulo urbano. Nesse sentido, foi fixada a seguinte tese: "preenchidos os requisitos do art. 183 da CF, o reconhecimento do direito à usucapião especial urbana não pode ser obstado por legislação infraconstitucional que estabeleça módulos urbanos na respectiva área em que situado o imóvel (dimensão do lote)" (RE 422.349/RS, Rel. Min. Dias Toffoli, *DJe* 05.08.2015 – Tema 815).

5.6.2 Usucapião especial coletiva urbanística

Outra categoria de usucapião é a **coletiva**, decorrente de núcleos urbanos informais em que se verificam dificuldades na identificação individual das ocupações. Dessa forma, tais núcleos são suscetíveis de serem usucapidas coletivamente, desde que observadas as seguintes condições, estampadas no art. 10 do Estatuto da Cidade (cf. redação dada pela Lei nº 13.465/2017):

- núcleos informais existente há mais de cinco anos;
- inexistência de oposição;
- a divisão da área total pelo número de possuidores deve ser inferior a 250 m²;
- beneficiários não podem ser proprietários de outro imóvel urbano ou rural.

O possuidor pode, para o fim de contar o prazo suprarreferido, acrescentar sua posse à de seu antecessor, contanto que ambas sejam contínuas.

O reconhecimento da usucapião coletiva instaura um condomínio especial entre os beneficiários. As deliberações relativas à sua administração são tomadas por maioria de votos dos condôminos presentes, obrigando também os demais, discordantes ou ausentes. Tal condomínio especial caracteriza-se pela indivisibilidade, cuja extinção somente é cabível por deliberação favorável tomada por, no mínimo, dois terços dos condôminos, no caso de execução de urbanização posterior à constituição do condomínio.

A declaração da usucapião coletiva integra a órbita de competência do Poder Judiciário, de modo que a respectiva decisão judicial constitui título para registro da aquisição da propriedade no cartório de registro de imóveis. A propósito, o juiz deve atribuir igual fração ideal de terreno a cada possuidor, independentemente da dimensão do terreno que cada um ocupe, salvo hipótese de acordo escrito entre os condôminos, estabelecendo frações ideais diferenciadas.

Atenção!

Os **imóveis públicos** não serão adquiridos por usucapião. É o que estabelece a CF em dois dispositivos (arts. 183, § 3º, e 191, parágrafo único).

É nesse sentido que se aponta a característica da **imprescritibilidade**, pela qual os bens públicos não podem ser objeto de usucapião (modalidade de prescrição aquisitiva). Além dos dispositivos constitucionais referidos, o Código Civil dispõe da seguinte forma: "Art. 102. Os bens públicos não estão sujeitos a usucapião".

Verifica-se que os bens públicos abarcam três categorias (art. 99 do Código Civil: bens de uso comum do povo, bens de uso especial e bens dominicais). Em relação à extensão da imprescritibilidade, vige o entendimento de que se trata de característica ampla. Nesse sentido a Súmula nº 340 do STF, expedida em um cenário em que ainda havia polêmica acerca da possibilidade de usucapião dos bens dominicais. Reza referida súmula: "Desde a vigência do Código Civil [de 1916], os bens dominicais, como os demais bens públicos, não podem ser adquiridos por usucapião".

5.6.3 Processo judicial

Convém analisar a ação judicial associada à usucapião especial urbana. São partes legítimas para a sua propositura:

- o possuidor (isoladamente ou em litisconsórcio);
- os possuidores, em estado de composse;

- como substituto processual, a associação de moradores da comunidade, regularmente constituída, com personalidade jurídica, desde que explicitamente autorizada pelos representados.

O autor será beneficiário da justiça e da assistência judiciária gratuita, inclusive perante o cartório de registro de imóveis. Sobre os contornos desse benefício, o STJ já reconheceu a presunção relativa da hipossuficiência: "A Lei nº 10.257/2001 concede ao autor da ação de usucapião especial urbana espécie de presunção relativa de hipossuficiência que, por isso, é ilidida a partir da comprovação inequívoca de que o autor não pode ser considerado 'necessitado' nos termos do § 2º da Lei nº 1.060/1950" (REsp 1.517.822/SP, 3ª Turma, Rel. Min. Ricardo Villas Bôas Cueva, DJe 24.02.2017).

Na ação de usucapião especial urbana é obrigatória a intervenção do Ministério Público, na condição de fiscal da lei (*custos legis*).

Na pendência da ação de usucapião especial urbana, suspendem-se s quaisquer outras ações, petitórias ou possessórias, que venham a ser propostas relativamente ao imóvel usucapiendo.

Além disso, ressalte-se que a usucapião pode ser invocada como matéria de defesa, valendo a sentença que a reconhecer como título para registro no cartório de registro de imóveis.

Atenção!

Embora o Estatuto da Cidade discipline a adoção do **rito sumário** (art. 14), o atual Código de Processo Civil (Lei nº 13.105/2015) **extinguiu-o**, de modo que remanesce a adoção do **procedimento comum** da legislação processual.

5.7 Concessão de uso especial para fins de moradia

5.7.1 Introdução

Trata-se de instrumento previsto no art. 183, § 1º, da CF, que faz referência à "concessão de uso". O projeto de lei que antecedeu o Estatuto da Cidade disciplinava a concessão de uso especial para fins de moradia nos arts. 15 a 20, os quais, contudo, foram vetados pela Presidência da República. Em seguida, foi editada a **Medida Provisória nº 2.220/2001**, que regulamenta o mecanismo urbanístico[1]. Além disso, representa um **direito real**, nos termos do art. 1.225, inciso XI, do Código Civil (incluído pela Lei nº 11.481/2007).

O seu objetivo é garantir a regularização fundiária de ocupações sobre áreas públicas. Considerando que os imóveis públicos não podem ser objeto de usucapião (forma de prescrição aquisitiva da propriedade), entendeu-se necessária a criação de um mecanismo para legitimar esses núcleos urbanos informais.

Representa, assim, um direito assegurado ao ocupante de área pública de usar bem para fins de moradia. É uma forma de prescrição aquisitiva do direito de uso (e não da propriedade), o que evidencia sua constitucionalidade, pois inexiste violação à imprescritibilidade dos bens públicos.

5.7.2 Requisitos

O surgimento do direito à concessão encontra-se na dependência de certos requisitos. Nos termos do art. 1º da

---

[1]. A Medida Provisória nº 2.220/2001 foi perenizada pela Emenda Constitucional nº 32/2001.

Medida Provisória nº 2.220/2001[2], aquele que, até 22 de dezembro de 2016, possuiu como seu, por 5 (cinco) anos, ininterruptamente e sem oposição, até 250 m² (duzentos e cinquenta metros quadrados) de imóvel público situado em área urbana, utilizando-o para sua moradia ou de sua família, tem o direito à concessão de uso especial para fins de moradia em relação ao bem objeto da posse, desde que não seja proprietário ou concessionário de outro imóvel urbano ou rural.

Verifica a coexistência de uma série de condições, que podem ser classificadas em quatro categorias, conforme esquema a seguir:

	REQUISITOS
TEMPORAL	■ Ocupação até 22 de dezembro de 2016 (termo final). ■ Cinco anos ininterruptos e sem oposição (do Poder Público). **Observação:** o herdeiro legítimo continua na posse de seu antecessor, desde que já resida no imóvel por ocasião da abertura da sucessão.
TERRITORIAL	■ Limite da área: 250 m². **Observação:** o STJ já decidiu que inexiste limitação do tamanho total do imóvel público, mas exclusivamente a parcela ocupada pelo possuidor (AgRg no AREsp 333.647/RS, 4ª Turma, *DJe* 19.02.2015).
FINALÍSTICA	■ Utilização para fins de moradia.
PATRIMONIAL	■ O ocupante não pode ser proprietário ou concessionário de outro imóvel urbano ou rural.

A concessão de uso especial não será reconhecida ao mesmo concessionário mais de uma vez. Constitui, logo, um direito que somente admite um único reconhecimento.

---

2. Cf. redação dada pela Lei nº 13.465/2017.

A concessão de uso especial para fins de moradia será conferida de forma gratuita ao homem ou à mulher, ou a ambos, independentemente do estado civil.

Vale apontar que o mesmo direito é assegurado aos ocupantes regularmente inscritos e instalados em imóveis públicos urbanos com até 250 m², mediante expresso consentimento da Administração.

5.7.3 Concessão coletiva de uso especial

A concessão de uso especial detém duas modalidades: a individual e a coletiva. A primeira decorre de uma situação em que seja possível a identificação dos terrenos públicos ocupados pelos possuidores. A segunda envolve núcleos informais em que prevalece a desordem espacial, inviabilizando o reconhecimento das ocupações individuais. Tal circunstância, porém, não afasta a caracterização do direito à concessão de uso de forma coletiva.

Assim, nos imóveis públicos com mais de 250 m² (duzentos e cinquenta metros quadrados), ocupados até 22 de dezembro de 2016, por população de baixa renda para sua moradia, por cinco anos, ininterruptamente e sem oposição, cuja área total dividida pelo número de possuidores seja inferior a 250 m² (duzentos e cinquenta metros quadrados) por possuidor, a concessão de uso especial para fins de moradia será conferida de forma coletiva, desde que os possuidores não sejam proprietários ou concessionários, a qualquer título, de outro imóvel urbano ou rural.

Assim, além dos requisitos elencados no item anterior, somam-se dois:

- impossibilidade de identificação dos terrenos ocupados pelos possuidores;
- ocupação por população de baixa renda.

Atenção!

O requisito da ocupação por **população de baixa renda** somente existe na concessão coletiva de uso especial, não na concessão individual.

Na concessão coletiva será atribuída igual fração ideal de terreno a cada possuidor (não superior a 250 m²), independentemente da dimensão do terreno que cada um ocupe, salvo hipótese de acordo escrito entre os ocupantes, estabelecendo frações ideais diferenciadas.

O possuidor pode, para o fim de contar o prazo de 5 (cinco) anos (requisito temporal), acrescentar sua posse à de seu antecessor, contanto que ambas sejam contínuas.

5.7.4 Características

A concessão de uso especial para fins de moradia não constitui um contrato administrativo. Prevalece o entendimento de que se trata de ato administrativo vinculado. Nesse sentido, preenchidos os requisitos analisados anteriormente, surge o direito subjetivo à concessão. Relevante apontar o caráter gratuito do direito, sendo vedada qualquer cobrança de valor pelo Poder Público.

Além disso, a concessão é transferível por ato *inter vivos* ou *causa mortis*.

Jurisprudência do STJ

Ao apreciar o caráter da concessão de uso especial para fins de moradia, o STF já se manifestou no seguinte sentido (REsp 1.494.302/DF, 4ª Turma, Rel. Min. Luís Felipe Salomão, *DJe* 15.08.2017): "A concessão de uso de bens para fins de moradia, apesar de, por ela, não se alterar a titularidade do imóvel e ser concedida, em regra, de forma graciosa, possui, de fato, expressão econômica, notadamente por conferir ao particular o direito ao desfrute do valor de uso em situação desigual em relação aos demais particulares. Somado a isso, verifica-se, nos normativos que regulam as referidas concessões, a possibilidade de sua transferência, tanto por ato *inter vivos* como *causa mortis*, o que também agrega a possibilidade de ganho patrimonial ao mencionado direito".

Dessa forma, a Corte concluiu que, "na dissolução de união estável, é possível a partilha dos direitos de concessão de uso para moradia de imóvel público".

O direito à concessão de uso especial para fins de moradia extingue-se nas seguintes hipóteses:

- o concessionário der ao imóvel destinação diversa da moradia para si ou para sua família; ou
- o concessionário adquirir a propriedade ou a concessão de uso de outro imóvel urbano ou rural.

A extinção deverá ser averbada no cartório de registro de imóveis, por meio de declaração do Poder Público concedente.

Há situações em que o direito à concessão de uso especial pode ser exercido em outro lugar, diante das características da área pública sobre a qual se deu a ocupação. Assim, caso o imóvel acarrete risco à vida ou à saúde dos envolvidos, o Poder Público deve garantir a concessão em local diverso. Por outro lado, nas situações elencadas no art. 5º da Medida Provisória nº 2.220/2001 há uma faculdade de a Administração assegurar a concessão em outro local.

CONCESSÃO DE USO ESPECIAL EXERCÍCIO EM LOCAL DIVERSO	
OBRIGATORIEDADE (art. 4° da MP n° 2.220/2001)	**FACULTATIVIDADE** (art. 5° da MP n° 2.220/2001)
Ocupação acarretar risco à vida ou à saúde dos envolvidos.	Ocupações localizadas em imóveis públicos: ■ de uso comum do povo; ■ destinado a projeto de urbanização; ■ de interesse da defesa nacional, da preservação ambiental e da proteção dos ecossistemas naturais; ■ reservado à construção de represas e obras congêneres; ou ■ situado em via de comunicação.

5.7.5 Procedimento de outorga

O reconhecimento do direito e a emissão do respectivo título de concessão podem se dar em duas esferas: a **administrativa** ou a **judicial**.

A primeira tramita na própria Administração Pública, mediante a instauração de processo administrativo no âmbito do qual são analisados os requisitos necessários para o reconhecimento do direito. O prazo máximo para decidir o pedido é de 12 (doze) meses, contado da data de seu protocolo.

Na hipótese de bem imóvel da União ou dos Estados, o processo administrativo tramite na respectiva esfera, federal ou estadual. Nesse caso, o interessado deverá instruir o requerimento de concessão de uso especial com certidão expedida pelo Município que ateste a localização do imóvel em área urbana e a sua destinação para moradia do ocupante ou de sua família.

A segunda esfera é a do Judiciário, o que exige o ajuizamento de uma ação judicial pelos beneficiários. A Medida Provisória nº 2.220 estabelece como condição para interposição da demanda o "recusa ou omissão" da Administração em reconhecer o direito (art. 6º).

Qualquer que seja a esfera em que seja emitido, o título servirá para efeito de registro no cartório de registro de imóveis.

5.8 Autorização urbanística de uso especial

A autorização urbanística de uso especial está disciplinada na Medida Provisória nº 2.220/2001. Nos termos de seu art. 9º, é facultado ao Poder Público conceder autorização de uso àquele que, até 22 de dezembro de 2016, possuiu como seu, por cinco anos, ininterruptamente e sem oposição, até 250 m² (duzentos e cinquenta metros quadrados) de imóvel público situado em área com características e finalidade urbanas para fins comerciais.

Verifica-se que seus **requisitos** são os seguintes:

	REQUISITOS
TEMPORAL	■ Ocupação até 22 de dezembro de 2016 (termo final). ■ Cinco anos ininterruptos e sem oposição (do Poder Público). **Observação**: o possuidor pode, para o fim de contar esse prazo, acrescentar sua posse à de seu antecessor, contanto que ambas sejam contínuas.

REQUISITOS	
TERRITORIAL	■ Limite da área: 250 m².
FINALÍSTICA	■ Utilização para fins comerciais.
	Atenção! A autorização ora tratada difere da concessão de uso especial, cuja finalidade é a moradia.

Importante apontar que a autorização envolve uma faculdade da Administração, que não está obrigada a dá-la. Trata-se, pois, de uma competência discricionária. Além disso, será conferida de forma gratuita.

Por fim, cabível a expedição de autorização em local diverso, nos mesmos moldes da concessão de uso especial, nos termos dos arts. 4º e 5º da Medida Provisória nº 2.220/2001 (cf. esquema anterior).

5.9 Direito de superfície

5.9.1 Introdução

O **direito de superfície** representa o direito real que envolve a construção ou a plantação em solo alheio. Estabelece-se a coexistência de direitos distintos: uma do proprietário, outra do superficiário. A sua criação decorreu da necessidade de se atenuar a regra *superficies solo cedit*, pela qual a propriedade das acessões pertence ao titular do domínio do solo (art. 1.253 do Código Civil). Mitiga-se, portanto, o postulado de que o acessório segue o principal.

De acordo com o Estatuto da Cidade, o proprietário urbano poderá conceder a outrem o direito de superfície do seu terreno, por tempo determinado ou indeterminado, mediante escritura pública registrada no cartório de registro de imóveis (art. 21). Esse direito abrange o direito de utilizar o solo, o subsolo ou o espaço aéreo relativo ao terreno, na forma estabelecida no contrato respectivo, atendida a legislação urbanística.

A vantagem de sua utilização, no âmbito da tutela da política urbana, é o de favorecer a implementação da função social da propriedade, "na medida em que facilita a utilização do terreno não edificado, subutilizado ou não utilizado" (DI PIETRO, 2002, p. 187).

> Com efeito, uma das grandes utilidades do direito de superfície é a de permitir a construção ou plantação sem necessidade de aquisição do terreno, o que oneraria o interessado em seu aproveitamento. Com isto facilita-se a utilização de terrenos alheios pela classe pobre e trabalhadora que não dispõe de recursos para a aquisição do terreno (DI PIETRO, 2002).

Outro aspecto vantajoso envolve a possibilidade de incidência de garantia hipotecária sobre a propriedade superficiária, de modo a incentivar financiamentos destinados à utilização do terreno (DI PIETRO, 2002).

5.9.2 Direito positivo

Convém apontar que o direito de superfície foi inicialmente previsto no **Estatuto da Cidade**, tendo sido posteriormente disciplinado no **Código Civil de 2002** (art. 1.369). Essa duplicidade gerou dúvidas quanto à subsistência de ambos os regimes. Alguns autores defendiam que somente o regramento do código civilista deveria prevalecer, por ser posterior ao código urbanístico. Aplicável o critério cronológico segundo o qual lei posterior derroga a anterior (*lex posterior derogat legi priori*).

No entanto, vem prevalecendo o entendimento de que as duas disciplinas se encontram em vigor. De acordo com o Enunciado nº 93 da I Jornada de Direito Civil do Conselho da Justiça Federal: "As normas previstas no Código Civil sobre direito de superfície não revogam as relativas a direito de superfície constantes do Estatuto da Cidade (Lei nº 10.257/2001) por ser instrumento de política de desenvolvimento urbano".

5.9.3 Características

O direito de superfície, como instrumento urbanístico, não incide nos imóveis rurais. A sua instituição é feita por escritura pública, objeto de registro no cartório de registro de imóveis.

Além disso, pode ser:

- por tempo determinado ou indeterminado;
- gratuita ou onerosa.

O superficiário responderá integralmente pelos encargos e tributos que incidirem sobre a propriedade superficiária, salvo disposição em contrário.

Cabível a transmissão do direito, seja por ato *inter vivos*, seja *causa mortis*. Em caso de alienação do terreno, ou do direito de superfície, o superficiário e o proprietário, respectivamente, terão direito de preferência, em igualdade de condições à oferta de terceiros.

A extinção do direito de superfície ocorre em duas hipóteses: pelo advento do termo ou pelo inadimplemento das obrigações contratuais assumidas pelo superficiário (como dar ao terreno destinação diversa daquela para a qual foi concedida). Em qualquer caso, deverá ser averbada perante o registro imobiliário. Extinto o direito, o proprietário recuperará o pleno domínio do terreno, bem como das acessões e benfeitorias introduzidas no imóvel, independentemente de indenização, se as partes não houverem estipulado o contrário no respectivo contrato.

5.10 Direito de preempção

A **preempção** constitui **direito de preferência** (ou **direito de prelação**). Trata-se de instituto cuja disciplina geral encontra-se prevista no Código Civil (arts. 513 a 520).

Ocorre que o Estatuto da Cidade instituiu nova modalidade de preempção, com finalidade urbanística. Nesse sentido, o ordenamento confere ao Poder Público municipal preferência para aquisição de imóvel urbano objeto de alienação onerosa entre particulares (art. 25 do Estatuto da Cidade). Somente pode ser exercido se a Administração necessitar da área para:

- regularização fundiária;
- execução de programas e projetos habitacionais de interesse social;
- constituição de reserva fundiária;
- ordenamento e direcionamento da expansão urbana;
- implantação de equipamentos urbanos e comunitários;
- criação de espaços públicos de lazer e áreas verdes;
- criação de unidades de conservação ou proteção de outras áreas de interesse ambiental;
- proteção de áreas de interesse histórico, cultural ou paisagístico.

O desatendimento dessas finalidades pode sujeitar o Prefeito à responsabilidade por improbidade administrativa.

O regramento do direito de preempção dependerá de previsão no plano diretor e em lei municipal específica.

Enquanto o primeiro disciplina a possibilidade de sua incidência, a segunda delimita as áreas em que incidirá a preferência, cujo prazo de vigência não pode superar 5 (cinco) cinco anos, renovável a partir de 1 (um) ano após o decurso do prazo inicial. Durante esse interregno temporal, o direito de preempção incide, independentemente do número de alienações referentes ao mesmo imóvel.

O procedimento para o exercício do direito de preferência está regrado no art. 27. Inicialmente, o proprietário deve notificar o Município de sua intenção de alienar o imóvel. A notificação deve estar acompanhada de proposta de compra assinada por terceiro interessado na aquisição do imóvel, com a indicação do preço, condições de pagamento e prazo de validade. Convém apontar a necessidade de publicação de um edital de aviso dessa notificação.

O Município tem o prazo máximo de 30 (trinta) dias para se manifestar por escrito sobre o seu interesse em adquirir o imóvel. Se não houver manifestação nesse prazo, fica o proprietário autorizado a realizar a alienação para terceiros, nas condições da proposta apresentada. Concretizada a venda a terceiro, o proprietário fica obrigado a apresentar ao Município, no prazo de 30 (trinta) dias, cópia do instrumento público de alienação do imóvel. Importante salientar que, se a alienação a terceiro for processada em condições diversas da proposta inicialmente apresentada, é nula de pleno direito. Nesse caso, o Município poderá adquirir o imóvel pelo valor da base de cálculo do IPTU ou pelo valor indicado na proposta apresentada, se este for inferior àquele.

5.11 Outorga onerosa do direito de construir

5.11.1 Introdução

O direito de construir é exercido nos limites estabelecidos pelo ordenamento jurídico. É nesse sentido que as leis urbanísticas municipais estabelecem o coeficiente de aproveitamento das construções erigidas sobre o seu território.

O que é coeficiente de aproveitamento?

Coeficiente de aproveitamento (CA) é a relação entre a área edificável e a área do terreno. Nesse sentido, imagine-se a hipótese de um CA igual a 1 (um). Se um terreno tiver 500 m² de área, a edificação sobre ela construída poderá ter a área edificável de 500 m² (por exemplo, um prédio de cinco andares, cada um com 100 m²; ou em prédio de 10 andares, cada um com 50 m².

Importante ressaltar que as leis municipais podem estipular, como regra, duas categorias de coeficiente. O primeiro é o coeficiente de aproveitamento **básico**: nesse sentido, as construções que atinjam área edificável igual ou inferior ao CA básico, independente de uma outorga sujeita a contraprestação; ao passo que, se houver edificação superior a esse índice, há uma cobrança para tanto. Já o coeficiente de aproveitamento **máximo** é aquele que não pode ser ultrapassado.

Outro exemplo: um Município adota por lei o CA básico igual a 1,0 e o CA máximo igual a 2,0. Em um terreno de 1.000 m², se houver a edificação de um prédio com nove andares, cada um com 100 m², inexistirá cobrança pelo direito de construir, já que a área edificável (900 m²) está abaixo do CA básico. Porém, se for erigido uma edificação com 15 andares, cada um com 100 m², o CA básico será ultrapassado, gerando a necessidade de uma outorga pelo Poder Público municipal, de caráter oneroso. Observe-se que a possibilidade de construir encontra limite, mesmo em caso de contraprestação, no CA máximo.

Nesse sentido, a **outorga onerosa do direito de construir** pode ser definida como o instrumento público que legitima o particular a construir acima de um determinado índice (o coeficiente de aproveitamento básico), mediante o oferecimento de uma contrapartida pecuniária. Também é denominada **solo criado** (ou **solo virtual**). Conforme apreciado pelo STF, "solo criado é o solo artificialmente criado pelo homem (sobre ou sob o solo natural), resultado da construção praticada em volume superior ao permitido nos limites de um coeficiente único de aproveitamento" (RE 387.047, Rel. Min. Eros Grau, DJe 02.05.2008).

A outorga onerosa está disciplinada nos arts. 28 a 31 do Estatuto da Cidade.

Trata-se de mecanismo decorrente do desenvolvimento tecnológico na área de construções, de modo a permitir o erguimento de edifícios cada vez maiores. Assim, para além da edificação no solo natural (horizontal), admissível a formação de solos artificiais (verticais), que constituem um desdobramento do direito de construir. E, diante dos impactos urbanísticos resultantes de tal situação, admissível a respectiva cobrança pelo Poder Público.

De acordo com o STF (RE 387.047), a outorga é "instrumento próprio à política de desenvolvimento urbano, cuja execução incumbe ao poder público municipal, nos termos do disposto no art. 182 da Constituição do Brasil". Encontra-se "voltado à correção de distorções que o crescimento urbano desordenado acarreta, à promoção do pleno desenvolvimento das funções da cidade e a dar concreção ao princípio da função social da propriedade".

5.11.2 Natureza jurídica

A natureza jurídica da outorga onerosa é controversa na doutrina.

Alguns autores entendem que o solo criado constitui um "bem público passível de alienação" (MARQUES NETO, 2002, p. 233), o que gera uma discricionaridade em sua outorga. Outros compreendem que se trata de uma licença para construir, de modo a caracterizá-la como ato vinculado. Preenchidos os requisitos, haveria um direito subjetivo do interessado em obtê-la.

5.11.3 Leis municipais e outorga onerosa

A aplicabilidade da outorga onerosa encontra-se na dependência de regramentos legislativos municipais sucessivos, característica marcante do direito urbanístico.

O **plano diretor** detém a função de fixar áreas nas quais o direito de construir poderá ser exercido acima do coeficiente de aproveitamento básico. Esse coeficiente básico poder ser único para toda a zona urbana ou diferenciado para áreas específicas. Além disso, necessária a definição dos limites máximos a serem atingidos pelos coeficientes de aproveitamento (CA máximo), considerando a proporcionalidade entre a infraestrutura existente e o aumento de densidade esperado em cada área.

Já **lei municipal específica** estabelece as condições para a outorga onerosa, especialmente a fórmula de cálculo para a cobrança, os casos passíveis de isenção do pagamento e a contrapartida do beneficiário.

5.11.4 Contrapartida

A essência da outorga é a sua **onerosidade**. De fato, o potencial construtivo acima do coeficiente básico representa um espaço artificial que detém valor econômico, o que legitima a cobrança por sua utilização. A contrapartida decorrente da outorga detém, como regra, caráter pecuniário (pagamento em dinheiro). No entanto, é possível que se estabeleçam outras maneiras de sua exigência, como a doação de áreas particulares ao Município, a realização de parcerias em projetos sociais, entre outros. O Estatuto da Cidade não estipula a forma para o cálculo da contrapartida, remetendo tal fixação à lei municipal correspondente.

Qual a natureza jurídica da receita decorrente dessa contrapartida? Observa-se na doutrina uma divergência sobre a matéria. Há defensores da tese de que se trata de taxa, espécie tributária (CARVALHO FILHO, 2013, p. 157). Outros conferem-se a condição de preço público, porquanto "a aquisição do direito ao solo criado (...) não possui o caráter de compulsoriedade inerente aos tributos" (MARQUES NETO, 2002, p. 243). Esta última posição é acolhida pelo STF: "Não há, na hipótese, obrigação. **Não se trata de tributo**. Não se trata de imposto. Faculdade atribuível ao proprietário de imóvel, mercê da qual se lhe permite o exercício do direito de construir acima do coeficiente único de aproveitamento adotado em determinada área, desde que satisfeita prestação de dar que consubstancia ônus. Onde não há obrigação não pode haver tributo. Distinção entre ônus, dever e obrigação e entre ato devido e ato necessário" (RE 387.047, Rel. Min. Eros Grau, *DJe* 02.05.2008).

5.11.5 Destinação dos recursos

Convém destacar que o art. 31 do Estatuto da Cidade impõe uma **destinação** dos recursos auferidos com a adoção da outorga onerosa. São as mesmas referentes ao direito de preempção (cf. estudado anteriormente), *ex vi* do art. 26 da mesma lei. Reproduzam-se tais finalidades:

- regularização fundiária;
- execução de programas e projetos habitacionais de interesse social;
- constituição de reserva fundiária;
- ordenamento e direcionamento da expansão urbana;
- implantação de equipamentos urbanos e comunitários;
- criação de espaços públicos de lazer e áreas verdes;
- criação de unidades de conservação ou proteção de outras áreas de interesse ambiental;
- proteção de áreas de interesse histórico, cultural ou paisagístico.

A necessidade de aplicação nesses fins reforça o caráter urbanístico desse instrumento. A sua relevância é reconhecida pela doutrina, "pois se presta a evitar que os recursos auferidos com a alienação do potencial construtivo se transformem em receitas públicas desvinculados do cumprimento das finalidades de ordenação e planejamento urbano" (MARQUES NETO, 2002, p. 244).

Violar essa imposição configura ato de improbidade administrativa (art. 52, inciso IV, do Estatuto).

5.11.6 Outorga onerosa da alteração do uso do solo

A bem da verdade, a seção intitulada "outorga onerosa do direito de construir" disciplina outro instrumento: a **outorga onerosa da alteração do uso do solo**.

Nesse sentido, o plano diretor poderá fixar áreas nas quais poderá ser permitida alteração de uso do solo, mediante contrapartida a ser prestada pelo beneficiário. Para José dos Santos Carvalho Filho (2013, p. 189), trata-se de um ato administrativo discricionário, na medida em que constitui uma faculdade da Administração.

5.12 Operações urbanas consorciadas

5.12.1 Definição e características

Os arts. 32 a 34 do Estatuto disciplinam as chamadas **operações urbanas consorciadas**, consideradas como o conjunto de intervenções e medidas coordenadas pelo Poder Público municipal, com a participação dos particulares (proprietários, moradores, usuários permanentes e investidores privados), com o objetivo de alcançar em uma área transformações urbanísticas estruturais, melhorias sociais e a valorização ambiental.

São duas as características fundamentais desse instrumento:

- instaura-se um regime de parceria entre o setor público (Município) e o privado (proprietários, moradores, usuários permanentes e investidores privados);
- representa uma forma especial de intervenção urbanística destinada à transformação estrutural de uma região da cidade.

5.12.2 Medidas de intervenção urbanística

Como referido, as operações urbanas consorciadas representam uma categoria de intervenção urbanística. Seu escopo é "a recuperação de ambientes degradados e a adequação da infraestrutura urbana, serviços e edificações a novas funções e novas tecnologias, dentro da perspectiva de adaptação das cidades aos atuais processos de transformação econômica, social e cultural" (LOMAR, 2002, p. 249).

A efetivação da intervenção é feita por uma série de medidas, consideradas verdadeiros benefícios. Destaquem-se três delas, expressamente previstas no art. 32, § 2º (cujo rol é exemplificativo):

- a modificação de índices e características de parcelamento, uso e ocupação do solo e subsolo;
- alterações das normas edilícias;
- a regularização de construções, reformas ou ampliações executadas em desacordo com a legislação vigente;
- a concessão de incentivos a operações urbanas que utilizam tecnologias visando à redução de impactos ambientais e que comprovem a utilização, nas construções e uso de edificações urbanas, de tecnologias que reduzam os impactos ambientais e economizem recursos naturais, especificadas as modalidades de *design* e de obras a serem contempladas[3].

5.12.3 Leis municipais

Da mesma forma do que se verifica em instrumentos urbanísticos, a implementação das operações urbanas consorciadas depende de uma coexistência normativa, representada pelo plano diretor e por lei municipal específica.

---

[3]. Modificação incluída pela Lei nº 12.836/2013.

Enquanto a primeira traça os contornos do instituto, a segunda delimita no território municipal as áreas para a sua aplicação. Além disso, essa lei local estabelece o plano da operação urbana, devendo contemplar uma série de aspectos, entre os quais o programa básico de ocupação da área, a sua finalidade e o programa de atendimento econômico e social para a população diretamente afetada pela operação. Destaque-se a necessidade de previsão da contrapartida a ser exigida dos proprietários, usuários permanentes e investidores privados em função da utilização dos benefícios apontados no item anterior. Os recursos obtidos pelo Município serão aplicados exclusivamente na própria operação urbana consorciada, sob pena de configuração de improbidade administrativa.

Igualmente indispensável a disciplina da forma de controle da operação, obrigatoriamente compartilhado com representação da sociedade civil.

A partir da aprovação da lei municipal específica, são nulas as licenças e autorizações a cargo do Poder Público municipal expedidas em desacordo com o plano da operação urbana.

5.12.4 Certificados de potencial adicional de construção (CEPAC)

No âmbito do regime da operação urbana, possível a emissão de títulos representativos de potencial construtivo. Trata-se dos **certificados de potencial adicional de construção** (sigla: CEPAC). Nesse sentido, a lei municipal específica que disciplinar a operação poderá prever a emissão pelo Poder Público de quantidade determinada de CEPAC. A vantagem desses certificados é a antecipação no recebimento de recursos para que a Administração promova a realização de obras públicas relacionadas à operação urbana.

Esses títulos serão alienados em leilão ou utilizados diretamente no pagamento das obras necessárias à própria operação. Além disso, poderão ser livremente negociados, embora somente sejam conversíveis em direito de construir na área objeto da operação. Apresentado pedido de licença para construir, o CEPAC será utilizado no pagamento da área de construção que supere os padrões estabelecidos pela legislação de uso e ocupação do solo, até o limite fixado pela lei específica que aprovar a operação urbana.

Observe-se que o potencial adicional construtivo passível de lastrear a emissão de CEPAC é aquela relacionada à outorga onerosa do direito de construir (cf. estudado anteriormente).

5.12.5 Operações urbanas consorciadas interfederativas

O Estatuto da Metrópole (Lei n° 13.089/2015) inseriu na Lei n° 10.257/2001 uma categoria de operação urbanas consorciadas, que extrapola o território de um único Município. Trata-se das **operações urbanas consorciadas interfederativas**. Nas regiões metropolitanas ou nas aglomerações urbanas instituídas por lei complementar estadual, poderão ser realizadas tais operações. Necessária sua aprovação por lei estadual específica.

A disciplina geral das operações urbanas (arts. 32 a 34) aplica-se a esses consórcios interfederativos, no que couber.

5.13 Transferência do direito de construir

A **transferência do direito de construir** representa a possibilidade de o proprietário de imóvel urbano exercer em outro local, ou alienar, o direito de construir previsto legalmente, quando referido bem for necessário para fins de interesse público. Exemplo: um particular possui um imóvel tombado, de modo a não poder aumentar a construção em razão da preservação do interesse cultural envolvido. Por conta disso, o proprietário pode alienar a terceiro (ou para outra propriedade sua situada em local diverso) a diferença entre o total da área passível de construção e a área efetivamente construída. Esse instrumento constitui uma espécie de compensação ao proprietário de bem objeto de restrição.

O interesse público envolvido que embasa esta limitação deve estar associada aos seguintes fins:

- implantação de equipamentos urbanos e comunitários;
- preservação, quando o imóvel for considerado de interesse histórico, ambiental, paisagístico, social ou cultural;
- servir a programas de regularização fundiária, urbanização de áreas ocupadas por população de baixa renda e habitação de interesse social.

Verifica-se que a transferência pode ser implementada de duas maneiras:

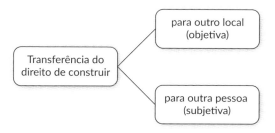

O plano diretor deve disciplinar de modo geral a transferência. Além disso, lei municipal poderá autorizar o proprietário a exercê-la, estabelecendo as condições para tanto.

5.14 Estudo de impacto de vizinhança

O **estudo prévio de impacto de vizinhança (EIV)** constitui um instrumento cuja finalidade envolve a realização de estudos das influências de determinados empreendimentos em relação aos aspectos urbanos da vizinhança, como condição para a obtenção de licenças e autorizações municipais referentes a construção, ampliação ou funcionamento. Como se pode perceber, o EIV insere-se como instrumento decorrente do princípio da prevenção. Trata-se de uma espécie de avaliação de impacto ambiental.

Vale destacar que o EIV será exigido, nos termos de **lei municipal**, de empreendimentos ou atividades públicas ou privadas localizadas na área urbana, restando afastada a sua incidência na área rural.

Será objeto de estudo e análise os efeitos positivos e negativos do empreendimento, notadamente no tocante à qualidade de vida da população residente na área e suas proximidades. As questões a serem investigadas são, no mínimo, as seguintes:

- adensamento populacional;
- equipamentos urbanos e comunitários;
- uso e ocupação do solo;
- valorização imobiliária;
- geração de tráfego e demanda por transporte público;
- ventilação e iluminação;
- paisagem urbana e patrimônio natural e cultural.

Atenção!

Relevante não confundir o **estudo prévio de impacto de vizinhança** (EIV) com o **estudo prévio de impacto ambiental** (EIA), instrumento da política nacional do meio ambiente. Eles representam instrumentos distintos.

Tanto assim que elaboração do EIV não substitui a elaboração e a aprovação do EIA, nos termos da legislação ambiental aplicável.

5.15 Outros instrumentos urbanísticos

Além dos instrumentos anteriormente expostos, o Estatuto da Cidade elenca, mesmo que de maneira sintética, outros mecanismos de tutela da política urbana.

5.15.1 Consórcio imobiliário

Trata-se de instrumento previsto no art. 46 do Estatuto da Cidade. Considera-se **consórcio imobiliário** o mecanismo por meio da qual o proprietário transfere ao poder público municipal seu imóvel e, após a realização das obras, recebe, como pagamento, unidades imobiliárias devidamente urbanizadas ou edificadas, ficando as demais unidades incorporadas ao patrimônio público.

É utilizado como forma de viabilização financeira do aproveitamento do imóvel, no âmbito de planos de urbanização, de regularização fundiária ou de reforma, conservação ou construção de edificação. Assim, o atendimento ao aproveitamento obrigatório pelo proprietário (parcelamento, edificação ou utilização compulsórios) pode ser feito mediante a utilização desse instituto.

O valor das unidades imobiliárias a serem entregues ao proprietário será correspondente ao valor do imóvel antes da execução das obras. Além disso, a instauração do consórcio imobiliário por proprietários que tenham dado causa à formação de núcleos urbanos informais, ou por seus sucessores, não os eximirá das responsabilidades administrativa, civil ou criminal.

5.15.2 Zonas especiais de interesse social

As **zonas especiais de interesse social** (sigla: ZEIS) estão indicadas no Estatuto da Cidade como um instrumento jurídico-urbanístico (art. 4°, inciso V, alínea f). Representam porções do território delimitadas normativamente e destinadas, prioritariamente, à recuperação urbanística, à regularização fundiária e à produção de habitação de interesse social.

Trata-se de relevante mecanismo de regulação urbanística cujo objetivo é afastar a especulação imobiliária de determinada área. Impede-se com isso o fenômeno conhecido como gentrificação, que representa a expulsão da população de baixa renda de áreas que sofreram valorização econômica.

5.15.3 Limitações administrativas

As **limitações administrativas** representam um instituto tradicional do direito administrativo, estando elencadas no

Estatuto da Cidade (art. 4º, inciso V, alínea c). Constituem todas as "medidas de caráter geral, impostas com fundamento no poder de polícia do Estado, gerando para os proprietários obrigações positivas ou negativas, com o fim de condicionar o exercício do direito de propriedade ao bem-estar social" (DI PIETRO, 2009, p. 132). São uma forma atenuada de intervenção na propriedade, pois inexiste restrição quanto à posse do bem sobre o qual incide a medida.

Exemplos de limitações administrativas: as diversas imposições previstas nos códigos de obras municipais, referentes às construções (metragem mínima de recuo do imóvel, obrigação de construir muro de alinhamento e de instalar equipamentos contra incêndio); as restrições disciplinadas pelas leis de zoneamento e pelos planos diretores (proibição de exercer atividades comerciais em zonas residenciais, limitação quanto à altura ou ao gabarito das edificações); dispositivos ambientais que vedam o desmatamento de parcela da área florestal.

Perceba-se, portanto, que diversos instrumentos analisados anteriormente detêm a natureza de limitação administração, a exemplo do aproveitamento obrigatório (parcelamento, edificação ou utilização compulsórios).

O conteúdo da limitação pode ser negativo (ex.: não edificar acima de determinada altura), positivo (construir muro de alinhamento) ou permissivo (permitir que a fiscalização inspecione a propriedade).

Assume a limitação caráter geral, no sentido de que atinge propriedades indeterminadas. Outrossim, é imposta em benefício de um interesse público genérico, desvinculado de um equipamento ou serviço público específico. Por conta disso, detém caráter gratuito, na medida em que incabível a indenização ao particular prejudicado. Justifica a doutrina que a limitação representa um ônus imposto a todas as propriedades que se encontram em determinada situação, motivo pelo qual se trata de intervenção que integra o próprio direito de propriedade.

5.15.4 Servidão administrativa

Com previsão no Estatuto da Cidade (art. 4°, inciso V, alínea b), a **servidão administrativa** constitui a forma de intervenção consistente na imposição de ônus real a um bem particular, com o escopo de assegurar a realização de um serviço público ou em favor de um bem afetado a fim de utilidade pública. Exemplos: servidão para a passagem de torres de transmissão de energia elétrica, para a passagem de cabos de energia elétrica e telefonia, servidão para a instalação de placas indicativas de ruas em imóveis particulares etc.

Observe-se que a servidão também representa figura utilizada no direito privado, revelando, a bem da verdade, uma noção da teoria geral do direito. Dessa forma, há um núcleo comum à figura, presente em qualquer modalidade de servidão, consistente na existência de uma coisa dominante e de uma coisa serviente. Igualmente se pode mencionar a característica da perpetuidade, de tal forma que perdura o gravame enquanto subsiste a necessidade, pública ou privada.

No âmbito da servidão administrativa, a coisa dominante é o serviço público ou o bem afetado a fim de utilidade pública; já a coisa serviente representa o bem de propriedade alheia, predominando o entendimento que somente incide sobre bens imóveis.

Aliás, este o critério para distinguir a servidão administrativa da limitação administrativa. É o que assinala Di Pietro, para quem, se a restrição que incide sobre um imóvel for em benefício de interesse público genérico e abstrato, como a estética, a proteção do meio ambiente, a tutela do patrimônio histórico e artístico, existe limitação à propriedade, mas não servidão; esta se caracteriza quando no outro extremo da relação (o dominante) existe um interesse público corporificado, ou seja, existe coisa palpável, concreta, a usufruir a vantagem prestada pelo prédio serviente (DI PIETRO, 2009, p. 149).

5.15.5 Tombamento

O **tombamento** de imóveis ou de mobiliário urbano está elencado no Estatuto da Cidade (art. 4º, inciso V, alínea *d*). Relevante apontar que o tombamento encontra previsão constitucional em tópico que impõe uma diretriz protetiva em relação ao patrimônio cultural brasileiro. É o que dispõe o art. 216, § 1º, que apenas menciona, como uma das formas de preservação, a figura do tombamento.

Trata-se do procedimento administrativo pelo qual o Poder Público sujeita determinados bens a restrições parciais, objetivando a preservação do patrimônio histórico, artístico e cultural. Com efeito, o valor cultural de certos bens pode merecer especial proteção do Estado, de modo a afetar alguns poderes dominiais, como ocorre com o tombamento de uma edificação que tenha representatividade histórica ou arquitetônica.

A natureza jurídica do tombamento é controvertida no âmbito doutrinário. Alguns autores chegam a inseri-la na categoria das limitações administrativas (José Cretella Júnior), uma vez que imposto em benefício de interesse público genérico. Há doutrinadores que o classificam como servidões administrativas (Celso Antônio Bandeira de Mello e Diógenes Gasparini), na medida em que a restrição incide sobre bem determinado. Outros, porém, consideram o tombamento uma categoria própria de intervenção na propriedade, haja vista apresentar características que o diferenciam tanto da limitação quanto da servidão. Aduz Maria Sylvia Zanella Di Pietro (2009, p. 147):

> O tombamento tem em comum com a limitação administrativa o fato de ser imposto em benefício de interesse público; porém dela difere por individualizar o imóvel. Comparado com a servidão, o tombamento a ela se assemelha pelo fato de individualizar o bem; porém dela difere porque falta a coisa dominante, essencial para caracterizar qualquer tipo de servidão, seja de direito público ou privado.

Merece acatamento esta última posição, que encontra correspondência no Estatuto da Cidade, que prevê de modo autônomo a servidão administrativa, as limitações administrativas e o tombamento (art. 4º, inciso V, alíneas *b*, *c* e *d*, respectivamente).

A disciplina infraconstitucional do tombamento situa-se no Decreto-lei nº 25/1937 (Lei do Tombamento), que carreia os seus principais contornos jurídicos. Trata-se, na verdade, da norma geral sobre tombamento, já que a competência legislativa em matéria de proteção ao patrimônio histórico, cultural, artístico, turístico e paisagístico é concorrente (nos termos do art. 24, inciso VII, da CF). Assim, a União detém atribuição para expedir as normas gerais (art. 24, § 1º, da CF), podendo haver complementação legislativa pelos Estados (art. 24, § 2º, da CF).

Em relação à competência do Município para expedir normas sobre tombamento, o entendimento que prevalece sinaliza para a sua possibilidade. Como bem explana Hely Lopes Meirelles (2005, p. 151):

> A Constituição Federal de 1988, fiel à orientação histórico-cultural dos povos civilizados, estendeu o amparo do Poder Público a todos os bens que merecem ser preservados e atribui a todas as entidades estatais, o dever de preservá-los, para recreação, estudo e conhecimento dos feitos de nossos antepassados (art. 23, III). A competência para legislar sobre a matéria é concorrente à União e aos Estados (art. 24, VII), cabendo aos Municípios a legislação de caráter local e suplementar (art. 30, inciso I e II).

No que se refere à competência material para instituir tal forma de intervenção, pacífico o entendimento de que todas as entidades federativas podem fazê-lo. É o que dispõe o art. 23, inciso III, da CF, que impõe competência comum da União, dos Estados, do Distrito Federal e dos Municípios para "proteger os documentos, as obras e outros bens de valor histórico, artístico e cultural, os monumentos, as paisagens naturais notáveis e os sítios arqueológicos".

5.15.6 Unidades de conservação

As **unidades de conservação** são uma categoria de áreas ambientais especiais, tratadas pela CF como espaços territoriais especialmente protegidos (art. 225, § 1º, inciso III). Embora constituam instrumentos da política nacional do meio ambiente, estão elencadas no Estatuto da Cidade (art. 4º, inciso V, alínea *e*), o que evidencia a sinergia entre o meio ambiente urbano e o natural.

Estão contempladas na Lei nº 9.985/2000, que dispõe sobre o Sistema Nacional das Unidades de Conservação

(SNUC). Esse sistema é constituído pelo conjunto das unidades de conservação federais, estaduais e municipais.

Entre os objetivos do SNUC, encontram-se a contribuição para a manutenção da diversidade biológica, a proteção das espécies ameaçadas de extinção, a preservação e a restauração da diversidade dos ecossistemas naturais, a promoção do desenvolvimento sustentável a partir dos recursos naturais, entre tantos outros. Ademais, diversas são as suas diretrizes, como a participação efetiva das populações locais na criação, implantação e gestão das unidades de conservação, o envolvimento da sociedade no estabelecimento e na revisão da política nacional de unidades de conservação, o apoio e a cooperação de organizações não governamentais, de organizações privadas e pessoas físicas para o desenvolvimento de estudos, pesquisas científicas, práticas de educação ambiental e outras atividades de gestão das unidades de conservação etc.

5.15.7 Concessão de direito real de uso

A **concessão de direito real de uso** é um instrumento de uso privativo de bem público por particular. Está previsto no Estatuto da Cidade (art. 4°, inciso V, alínea *g*) como instrumento de política urbana. Além disso, representa um direito real, nos termos do art. 1.225, inciso XII, do Código Civil. Observe-se que o Código Civil admite a incidência de hipoteca sobre o direito decorrente da concessão de direito real de uso (art. 1.473, inciso IX).

Tal concessão constitui o "contrato administrativo pelo qual o Poder Público confere ao particular o direito real resolúvel de uso de terreno público ou sobre espaço aéreo que o recobre, para os fins que, prévia e determinadamente, o justificaram" (CARVALHO FILHO, 2017, p. 1.257).

> **Atenção!**
>
> Relevante não confundir **concessão de direito real de uso** e **concessão de uso**.
>
> A diferença diz respeito à natureza das figuras: enquanto a **concessão de uso** representa um direito pessoal (vínculo de caráter obrigacional), a **concessão de direito real de uso** consiste em um direito real de uso, sendo transmissível por ato *inter vivos* ou *causa mortis*.
>
> Observa José dos Santos Carvalho Filho que "o instrumento de formalização pode ser escritura pública ou termo administrativo, devendo o direito real ser inscrito no competente Registro de Imóveis. Para a celebração desse ajuste, são necessárias lei autorizativa e licitação prévia, salvo se a hipótese estiver dentro das de dispensa de licitação" (CARVALHO FILHO, 2017, p. 1.259).

5.15.8 Regularização fundiária

A regularização representa instrumento urbanístico previsto no Estatuto da Cidade (art. 4°, inciso V, alínea *q*). Diante da relevância da matéria, e da disciplina legal própria (Lei n° 13.465/2017), será dedicado um capítulo ao tema.

6

Direito de construir. Uso e ocupação do solo urbano

6.1 Introdução

     A propriedade é um direito assegurado constitucionalmente (art. 5º, inciso XXII). O exercício desse direito apresenta diversas formas de manifestação, nos termos do art. 1.228 do Código Civil: "O proprietário tem a faculdade de usar, gozar e dispor da coisa, e o direito de reavê-la do poder de quem quer que injustamente a possua ou detenha". Uso, gozo e disposição: trata-se da tríade basilar da propriedade, cuja raiz histórica remonta ao direito romano (*jus utendi, fruendi et abutendi re sua*).

     Ocorre que uma das formas de manifestação do direito de propriedade envolve o de erguer construções sobre o respectivo domínio. Trata-se do **direito de construir**. De fato, "o fundamento do direito de construir está no direito de propriedade", porquanto "no uso, gozo e disponibilidade da coisa se compreende a faculdade de transformá-la, edificá-la, beneficiá-la, enfim, com todas as obras que lhe favoreçam a utilização ou lhe aumentem o valor econômico" (MEIRELLES, 2005,

p. 30). Há toda uma seção no Código Civil (Seção VII[1]) intitulada "Do Direito de Construir" (arts. 1.299 a 1.313).

Evidentemente, tal qual a propriedade, o direito de construir não detém caráter absoluto. Nos termos do art. 1.299 do Código Civil, embora o proprietário possa levantar em seu terreno as construções que lhe aprouver, há ressalvas em seu exercício ("salvo o direito dos vizinhos e os regulamentos administrativos"). "A liberdade de construir é a regra. As restrições e limitações ao direito de construir formam as exceções, e, assim sendo, só são admitidas quanto expressamente consignadas em lei ou regulamento" (MEIRELLES, 2005, p. 31). Decorre, portanto, do princípio da relatividade do direito de propriedade (MEIRELLES, 2005, p. 32). Ademais, o postulado da função social da propriedade acresce a esse direito uma série de condicionamentos e ônus, de modo a reforçar o seu caráter coletivo.

Jurisprudência do STF

Já decidiu o STF, sobre a natureza do direito de construir, que "o direito de edificar é relativo, dado que condicionado à função social da propriedade: CF, art. 5º, XXII e XXIII". Assim, decidiu-se pela "inocorrência de direito adquirido: no caso, quando foi requerido o alvará de construção, já existia a lei que impedia o tipo de imóvel no local. Inocorrência de ofensa aos §§ 1º e 2º do art. 182, CF" (RE 178.836, Rel. Min. Carlos Velloso, DJ 20.08.1999).

Convém salientar que a posição anterior, de influência civil-romanística, não afasta a existência de uma polêmica doutrinária acerca da relação entre o direito de propriedade e

---

1. A Seção que disciplina o direito de construir está inserida no Capítulo V (direitos de vizinhança) do Título III (propriedade) do Livro III (direitos reais) do Código Civil.

o direito de construir (MARQUES NETO, 2002, p. 224). Eros Grau, por exemplo, entende que tais direitos estão apartados, de modo que no plexo resultante da propriedade (uso, gozo e disposição) não estaria contido o direito de construir, de titularidade coletiva, e não do particular, passível, portanto, de autorização da Administração. Uma posição intermediária apregoa que parcela do direito de construir decorre da propriedade, embora a lei estabeleça limites para tanto, além dos quais haveria necessidade de um aval do Poder Público para as construções.

6.2 Limitações administrativas

No capítulo anterior, as **limitações administrativas** foram reputadas como uma espécie de instrumento da política urbana. Representam uma das formas de intervenção do Estado da propriedade, decorrente da noção de **domínio eminente**, entendido como o poder jurídico-política que o Estado exerce sobre os bens e as pessoas existentes em seu território.

Limitação administrativa é "toda imposição geral, gratuita, unilateral de ordem pública condicionadora do exercício de direitos ou de atividades particulares às exigências do bem-estar social" (MEIRELLES, 2005, p. 89). São preceitos integrantes da ordem pública, derivando da noção de poder de polícia. Hely Lopes Meirelles diferencia essas limitações das restrições de vizinhanças. "Ambas incidem sobre o mesmo objeto – a propriedade privada –, mas com finalidades diversas: as restrições civis protegem especificamente os vizinhos – *uti singuli*; as limitações administrativas protegem, genericamente, a coletividade – *uti universi*. (MEIRELLES, 2005). Tal diferenciação, contudo, não impede, no âmbito da violação a uma limitação administrativa, a eclosão de um direito subjetivo para os vizinhos, que, como membros da sociedade, estão interessados em sua observância.

No que se refere ao condicionamento do direito de construir, são apontadas três modalidades de limitações administrativas (MEIRELLES, 2005, p. 107):

- limitações urbanísticas (cf. a seguir);
- limitações de higiene e segurança (medidas que objetivam a preservação da saúde e da incolumidade da sociedade);
- limitações militares (relacionadas à defesa nacional, de competência da União).

6.3 Limitações urbanísticas

As limitações urbanísticas são "todas as imposições do Poder Público destinadas a organizar os espaços habitáveis, de modo a propiciar ao homem as melhores condições de vida na comunidade" (MEIRELLES, 2005). Envolvem a regulação do uso do solo, das edificações e do desenvolvimento urbano. Estão relacionadas com a competência dos Municípios de promover o adequado ordenamento territorial, mediante planejamento e controle do uso, do parcelamento e da ocupação do solo urbano (art. 30, inciso VIII, CF).

A regulação edilícia detém relação tanto com o regramento das construções isoladamente consideradas, quanto com o ordenamento territorial. São duas ordens de atuação, embora relacionadas entre si: uma de caráter individual, a outra de natureza coletiva.

É nesse sentido que se destaca o traçado urbano, entendido como o "desenho da cidade" (MEIRELLES, 2005, p. 120), que envolve, entre outros, os seguintes aspectos (MEIRELLES, 2005, p. 120-125):

- **Arruamento**: traçado das vias públicas e os espaços livres da cidade;
- **Alinhamento**: limite entre a propriedade privada e o espaço público (ou o limite do lote particular em relação à via pública);
- **Nivelamento**: relacionado com o declive da propriedade em relação à via pública;
- **Salubridade**: adstrita aos elementos que favorecem a limpeza da cidade;
- **Funcionalidade**: aspecto derivado da função social da cidade, que abrange, como já referido, a habitação, o trabalho, a circulação e a recreação.

6.4 Uso e ocupação do solo urbano. Zoneamento urbano

A CF faz referência ao controle do uso e da ocupação do solo urbano (art. 30, inciso VIII), a cargo dos Municípios.

O uso do espaço das cidades está relacionado com o chamado **zoneamento urbano**, entendido como a "repartição da cidade e das áreas urbanizáveis segundo a sua precípua destinação de uso e ocupação do solo" (MEIRELLES, 2005, p. 127). Retalha-se o espaço urbano, conferindo a cada setor uma disciplina própria de utilização e assentamento. Trata-se de um dos principais instrumentos de planejamento urbanístico municipal.

Hely Lopes Meirelles especifica:

> O zoneamento urbano estabelece, normalmente, as áreas residenciais, comerciais, industriais e institucionais; delimita os locais de utilização específica, tais como feiras, mercados, estacionamentos de veículos e outras ocupações espaciais permanentes ou transitórias; dispõe sobre as construções e usos admissíveis; ordena a circulação,

o trânsito e o tráfico no perímetro urbano, disciplina as atividades coletivas e individuais que de qualquer modo afetem a vida da cidade (MEIRELLES, 2005, p. 127).

Representa, ao final das contas, um instrumento de compatibilização, cujo propósito é o estabelecer uma harmonia intraurbana, baseada no ideal de isonomia. Como bem apontou José Afonso da Silva (2006, p. 233), o zoneamento "serve para encontrar lugar para todos os usos essenciais do solo e dos edifícios na comunidade e colocar cada coisa em seu lugar adequado, inclusive as atividades incômodas". E esclarece o mesmo autor: "Não é modo de excluir uma atividade indesejável, descarregando-a nos Municípios vizinhos. Não é meio de segregação racial ou social. Não terá por objetivo satisfazer interesses particulares, nem determinados grupos. Não será um sistema de realizar discriminação de qualquer tipo".

Necessário fazer uma distinção entre o **uso** do solo e sua **ocupação**, conforme esquema a seguir:

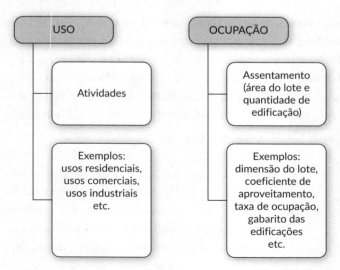

6.5 Licenças urbanísticas

6.5.1 A licença como instrumento do direito público

A **licença** detém a natureza de **ato administrativo**, pois representa uma declaração estatal, no exercício de prerrogativa pública, destinada a cumprir a lei que condiciona a liberdade e a propriedade ao bem-estar da sociedade. Decorre do poder de polícia administrativo, sobretudo em sua manifestação preventiva, pela qual o particular, antes do desenvolvimento de determinada atividade, submete à Administração o seu exercício.

As licenças são instrumentalizadas por meio do **alvará**, que representam a forma assumida por esse ato administrativo. "O alvará expressa o consentimento formal da Administração à pretensão do administrado" (MEIRELLES, 2001, p. 449).

No que se refere à classificação dos atos administrativos em **vinculados** e **discricionários**, as licenças inserem, como regra, na primeira categoria. Isso porque estão relacionadas à competência vinculada da Administração, de modo que, preenchidos os requisitos legais, surge o direito subjetivo do particular em obter a licença.

A licença constitui um gênero amplo, dentro do qual se inserem várias categorias, a exemplo da licença para dirigir (instrumentalizada pela carteira de habilitação), a licença ambiental (que se subdivide em prévia, de instalação e de operação), a licença para construir e a licença de funcionamento, entre outros. Estas duas últimas representam espécies de **licenças urbanísticas**, porquanto relacionadas ao uso e à ocupação do solo urbano.

6.5.2 Características das licenças urbanísticas

José Afonso da Silva (2006, p. 421) assinala as características das licenças urbanísticas, a seguir esquematizadas:

NECESSIDADE	■ Imposição de sua exigência, caso o particular exerça o respectivo direito. ■ As licenças são indispensáveis e insubstituíveis.
CARÁTER VINCULADO	■ Preenchidos os requisitos legais, inexiste faculdade de sua emissão. ■ Direito subjetivo do particular.
TRANSFERIBILIDADE	■ Transmissão automática aos sucessores em caso de alienação. ■ Desnecessidade de nova licença.
AUTONOMIA	■ Não detém efeito em relação às relações privadas do particular. ■ Administração não pode discutir questionar a propriedade dos imóveis.
DEFINITIVIDADE	■ Impossibilidade de alteração unilateral pela Administração. **Atenção!** Licenças podem ter prazo de validade. Exemplo: licença de funcionamento de um ano.

6.5.3 Espécies de licenças urbanísticas

O gênero das licenças urbanísticas incorpora várias espécies, entre as quais:

- Licenças edilícias (cf. será estudado no próximo item);
- Licença de localização e funcionamento (relacionada a atividades comerciais, industriais, institucionais, entre outras);
- Licença para parcelamento do solo (o tema do parcelamento será objeto de estudo no Capítulo 8).

6.5.4 Licenças edilícias

As **licenças edilícias** estão relacionadas com a polícia administrativa das construções, que se efetiva "pelo controle técnico funcional da edificação particular, tendo em vista as exigências de segurança, higiene e funcionalidade da obra segundo sua destinação e o ordenamento urbanístico da cidade, expresso nas normas de zoneamento, uso e ocupação do solo urbano" (MEIRELLES, 2001, p. 455). Essa categoria geral de licenciamento engloba uma série de licenças.

A **licença para construir** assume o escopo de "consentir que a concreta atividade construtiva (edificatória) do particular opere com pleno respeito das normas gerais postas pelos planos reguladores e pelos regulamentos edilícios comunais" (SILVA, 2006, p. 423). O respectivo processo administrativo é constituído por 3 (três) fases (SILVA, 2006): a fase introdutória (consistente na formulação do requerimento e na apresentação dos projetos das plantas, peças gráficas e memoriais da edificação); a fase de apreciação do pedido (análise dos documentos apresentados e confrontação com a legislação) e a fase decisória (em que o Município, titular da correlata competência, defere ou indefere o pedido). Esquematicamente:

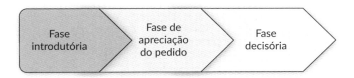

Após o exercício do direito de edificar, com a conclusão da obra, necessária a expedição de outra licença pelo Poder Público, a de habitar (conhecida como "habite-se"), que atesta a adequação da obra com o projeto aprovado, bem como a existência de condições de habitabilidade.

Atenção!

Importante não confundir o "habite-se" com outras manifestações estatais relacionadas, direta ou indiretamente, com o direito de construir, como o "alvará", o "*as built*" e a "averbação".

A **licença para reforma e reconstrução** envolve intervenções que acarretam alteração na estrutura da edificação, com ou sem modificação da área construída. Relevante assinalar que os reparos na construção, que não implicam impactos estruturais (como limpeza e pintura), independem de licença.

Por fim, a **licença para demolição**. Considerando que implica "uma forma pontual de renovação urbana", "depende de controle rigoroso, a fim de não descaracterizar a paisagem urbana com demolições a esmo" (SILVA, 2006, p. 428).

7

Estatuto da metrópole

7.1 Introdução

O crescimento exacerbado das cidades acabou por gerar núcleos urbanos com expressiva ocupação populacional e cujos territórios aproximavam-se de tal modo que havia a formação de um verdadeiro maciço urbano. Passou-se a verificar uma continuidade urbana abrangendo vários Municípios, o que provocou problemas comuns em todos eles, de modo a exigir soluções uniformes. Além disso, como apontado por Hely Lopes Meirelles, "é notório que a complexidade e o alto custo das obras e serviços de caráter intermunicipal ou metropolitano já não permitem que as Prefeituras os realizem isoladamente, mesmo porque seu interesse não é apenas local, mas regional" (MEIRELLES, 2001, p. 83).

Essa realidade gerou a necessidade de disciplinar essa nova configuração das cidades. Daí a previsão, no art. 25, § 3º, da Constituição Federal de 1988: "Os Estados poderão, mediante lei complementar, instituir **regiões metropolitanas**, **aglomerações urbanas** e **microrregiões**, constituídas por agrupamentos de municípios limítrofes, para integrar a organização, o planejamento e a execução de funções públicas de interesse comum".

Verifica-se, portanto, a previsão dos seguintes entes:

Conforme já analisado no capítulo das competências urbanísticas (Capítulo 2), a instituição de tais entes regionais depende de **lei complementar estadual**. Além disso, trata-se de uma **faculdade** conferida aos Estados. Um dos requisitos para tanto é que os Municípios devem ser **limítrofes**. E a finalidade dessas unidades é a de integrar a organização, o planejamento e a execução de **funções públicas de interesse comum**. Sobre essa noção, o STF já reconheceu que o "interesse comum é muito mais que a soma de cada interesse local envolvido, pois a má condução da função de saneamento básico por apenas um município pode colocar em risco todo o esforço do conjunto, além das consequências para a saúde pública de toda a região" (ADI 1.842/RJ, Rel. Min. Luiz Fux, *DJe* 16.09.2013).

Convém apontar que as regiões metropolitanas já encontravam previsão na Constituição de 1967 (e na EC nº 1/1969), que outorgava à União a atribuição para criá-las. Nesse contexto é que foram instituídas oito regiões metropolitanas, entre as quais a de São Paulo, Belo Horizonte, Porto Alegre, Salvador e Belém. Atualmente, existem mais de 70 regiões metropolitanas no Brasil.

A despeito da previsão constitucional, o regime das unidades regionais carece de um regramento geral, tornando heterogêneas as respectivas disciplinas. Diante dessa lacuna foi editada a **Lei federal nº 13.089/2015**, autodenominada **Estatuto da Metrópole**. Trata-se de norma de **caráter nacional**, decorrente da competência da União para editar normas gerais em matéria de direito urbanístico. Na aplicação da Lei nº 13.089/2015, serão observadas as normas gerais de direito urbanístico estabelecidas na Lei nº 10.257/2001 (Estatuto da Cidade).

A categoria geral disciplinada pela Lei nº 13.089/2015 é a **metrópole**, definida como o "espaço urbano com continuidade territorial que, em razão de sua população e relevância política e socioeconômica, tem influência nacional ou sobre uma região que configure, no mínimo, a área de influência de uma capital regional" (art. 2º, inciso V). Adota-se, para tanto, os critérios utilizados pelo IBGE.

7.2 Objeto do Estatuto da Metrópole

O Estatuto da Metrópole estabelece diretrizes gerais para o planejamento, a gestão e a execução das funções públicas de interesse comum em **regiões metropolitanas**, **aglomerações urbanas** e **microrregiões**. Também estão contempladas as **unidades regionais de saneamento básico**.

A **região metropolitana** é compreendida como a "unidade regional instituída pelos Estados, mediante lei complementar, constituída por agrupamento de Municípios limítrofes para integrar a organização, o planejamento e a execução de funções públicas de interesse comum" (art. 2º, inciso VII).

A **aglomeração urbana** representa a "unidade territorial urbana constituída pelo agrupamento de dois ou mais Municípios limítrofes, caracterizada por complementaridade funcional e integração das dinâmicas geográficas, ambientais, políticas e socioeconômicas" (art. 2º, inciso I).

Já a **microrregião** não conta com definição na Lei nº 13.089/2015. A bem da verdade, embora tal figura encontre previsão no art. 25, § 3º, CF, o Estatuto da Metrópole não a disciplinou de modo aprofundado. Apenas alguns preceitos lhe são destinados. Tal aspecto gera uma crítica pela doutrina, que questiona a falta de regramento das microrregiões, em detrimento das regiões metropolitanas e aglomerações urbanas.

As **unidades regionais de saneamento básico** foram inseridas no Estatuto da Metrópole pela Lei nº 14.026/2020, que instituiu um novo marco regulatório do saneamento básico. É definida como a unidade instituída pelos Estados, mediante lei ordinária, constituída pelo agrupamento de Municípios não necessariamente limítrofes, para atender adequadamente às exigências de higiene e saúde pública, ou para dar viabilidade econômica e técnica aos Municípios menos favorecidos (art. 3º, inciso VI, alínea *b*, da Lei nº 11.445/2007, cf. redação dada pela Lei nº 14.026/2020). Essas unidades foram disciplinadas para viabilizar a **prestação regionalizada** do serviço público de saneamento básico.

> **Atenção!**
>
> As **unidades regionais de saneamento** não seguem o regime do art. 25, § 3º, da CF, motivo pelo qual:
>
> (i) A sua instituição não se dá por lei complementar, mas por **lei ordinária**;
>
> (ii) Podem envolver Municípios que **não sejam limítrofes**.

7.3 Natureza jurídica

Discute-se sobre a **natureza jurídica** das unidades regionais previstas na CF e no Estatuto da Metrópole.

Embora haja posições defendendo que se trata de entidades intermediárias da federação brasileira – com personalidade jurídica, portanto –, prevalece o entendimento contrário, que afasta tal condição. De fato, as unidades regionais não assumem a natureza jurídica de entidade federativa, como são a União, os Estado, o Distrito Federal e os Município. "Na nossa organização constitucional federativa não há lugar para uma nova entidade política" (MEIRELLES, 2001, p. 83).

Conforme consta em Acórdão do STF que apreciou a figura das regiões metropolitanas, restou assentado que tal figura "não tem natureza política", de modo que "não são dotadas de personalidade jurídica de direito interno e, por isso, não é organização institucional intermediária entre o Estado e o Município" (ADI 1.842/RJ, Rel. Min. Luiz Fux, *DJe* 16.09.2013).

Representam, isso sim, uma "área de serviços especiais, de natureza meramente administrativa" (MEIRELLES, 2001).

7.4 Instituição

Como já referido, a instituição de regiões metropolitanas e aglomerações urbanas é feita por **lei complementar estadual**, que deve contemplar, no mínimo, os seguintes aspectos:

- os **Municípios** que integram a unidade territorial urbana;
- as **funções públicas de interesse comum** que justificam a instituição da unidade territorial urbana;
- a conformação da **estrutura de governança interfederativa**, incluindo a organização administrativa e o sistema integrado de alocação de recursos e de prestação de contas;
- os **meios de controle social** da organização, do planejamento e da execução de funções públicas de interesse comum.

A criação de uma unidade regional deve ser precedida de **estudos técnicos** e **audiências públicas** que envolvam todos os Municípios envolvidos.

Ademais, a instituição de região metropolitana ou de aglomeração urbana que envolva Municípios pertencentes a mais de um Estado será formalizada mediante a aprovação de leis complementares pelo legislativo de cada um dos Estados envolvidos.

Vale apontar que existe uma **compulsoriedade** da integração do Município ao ente regional. Esse caráter compulsório já foi acolhido pelo Pleno do STF (ADI 1.841/RJ, Rel. Min. Carlos Velloso, *DJ* 20.09.2002; ADI 796/ES, Rel. Min. Néri da Silveira, *DJ* 17.12.1999).

Atenção!

No âmbito da instituição das unidades regionais, há uma **faculdade** e uma **compulsoriedade**. Importante não confundir a aplicação de cada uma.

> **FACULDADE**
> Dos Estados, na intituição da Lei Complementar Estadual (LCE)
>
> **COMPULSORIEDADE**
> Dos Municípios, na participação do ente regional instituída pela LCE

Outrossim, o STF já decidiu que "o interesse comum e a compulsoriedade da integração metropolitana não são incompatíveis com a **autonomia municipal**. O mencionado interesse comum não é comum apenas aos municípios envolvidos, mas ao Estado e aos municípios do agrupamento urbano" (ADI 1.842/RJ, Rel. Min. Luiz Fux, *DJe* 16.09.2013).

7.5 Governança interfederativa

O Estado e os Municípios inseridos em regiões metropolitanas ou em aglomerações urbanas deverão promover a **governança interfederativa**, definida como o compartilhamento de responsabilidades e ações entre entes da Federação em termos de organização, planejamento e execução de funções públicas de interesse comum (art. 2°, inciso IV, do Estatuto da Metrópole). Isso se dá mediante a execução de um sistema integrado e articulado de planejamento, de projetos, de estruturação financeira, de implantação, de operação e de gestão (art. 2°, inciso IX).

Ora, considerando que o principal fundamento dos entes regionais é a existência de interesses públicos comuns, o que impossibilita a sua consecução de modo isolado pelos entes federativos envolvidos, a governança entre tais entes é o modo de atuação juridicamente adequado. Trata-se do **federalismo cooperativo** que vige em nosso sistema constitucional.

O Estatuto da Metrópole elenca princípios e diretrizes (gerais e específicas) relacionadas à governança interfederativa. Esquematicamente:

GOVERNANÇA INTERFEDERATIVA	
PRINCÍPIOS	**DIRETRIZES**
■ prevalência do interesse comum sobre o local; ■ compartilhamento de responsabilidades e de gestão para a promoção do desenvolvimento urbano integrado; ■ autonomia dos entes da Federação; ■ observância das peculiaridades regionais e locais; ■ gestão democrática da cidade; ■ efetividade no uso dos recursos públicos; ■ busca do desenvolvimento sustentável.	**DIRETRIZES ESPECÍFICAS** ■ processo permanente e compartilhado de planejamento e de tomada de decisão; ■ meios compartilhados de organização administrativa; ■ sistema integrado de alocação de recursos e de prestação de contas; ■ execução compartilhada das funções públicas de interesse comum, mediante rateio de custos; ■ participação de representantes da sociedade civil nos processos de planejamento e de tomada de decisão; ■ compatibilização das leis orçamentárias dos entes envolvidos; ■ compensação por serviços ambientais ou outros serviços prestados pelo Município à unidade regional.
	DIRETRIZES GERAIS ■ compartilhamento da tomada de decisões; ■ compartilhamento de responsabilidades.

Já os componentes da **estrutura básica** são apontados no art. 8º do Estatuto da Metrópole.

7.6 Instrumentos de desenvolvimento urbano integrado

O êxito da política metropolitana encontra-se na dependência de **instrumentos** que permitam implementá-la de modo eficaz. Nesse sentido, o art. 9º do Estatuto da Metrópole elenca uma série de mecanismos aplicáveis às regiões metropolitanas e aglomerações urbanas.

Evidentemente, os inúmeros instrumentos previstos no Estatuto da Cidade (Lei nº 10.257/2001) aplicam-se às unidades regionais (como consta expressamente no *caput* do art.

9º da Lei nº 13.089/2015). Para além destes, estão previstos outros (incisos do mesmo dispositivo). Entre eles, destacam-se os instrumentos de **planejamento**, relevante princípio do direito urbanístico (Capítulo 1). O Estatuto da Metrópole prevê duas categorias de planos. Em primeiro lugar, o **plano de desenvolvimento urbano integrado** (cf. será estudado no próximo item). Em segundo lugar, os **planos setoriais interfederativos**, os quais devem respeitar o plano anterior.

7.6.1 Plano de desenvolvimento urbano integrado (PDUI)

Trata-se de instrumento fundamental previsto no Estatuto da Metrópole. Sua aprovação se dá por **lei estadual**.

Atenção!

> INSTITUIÇÃO DA UNIDADE REGIONAL

- Instrumento: Lei Complementar Estadual

> ELABORAÇÃO DO PLANO DE DESENVOLVIMENTO URBANO INTEGRADO (PDUI)

- Instrumento: Lei Estadual

O PDUI deve considerar o conjunto de Municípios que compõem a unidade territorial urbana, além de abranger tanto as áreas **urbanas** quanto as **rurais**. Quanto ao seu conteúdo, necessário contemplar diversos aspectos, entre os quais as diretrizes para as funções públicas de interesse comum, o macrozoneamento da unidade territorial urbana, as diretrizes quanto à articulação intersetorial das políticas públicas afetas à unidade territorial urbana etc.

No processo de elaboração do PDUI, deve ser assegurada, em todos os Municípios envolvidos, a promoção de audiências públicas e debates com a participação de representantes da sociedade civil. Assim, o **princípio da democracia participativa** também incide na seara das unidades regionais.

Merecem ser igualmente garantidas a publicidade quanto aos documentos e informações produzidos, bem como o acompanhamento pelo Ministério Público.

O seu processo de elaboração segue os seguintes passos:

- Participação conjunta de Estados e Municípios
  Obs.: participação democrática
- Aprovação pela instância colegiada da unidade regional
- Apreciação pela Assembleia Legislativa (Lei Estadual)

Em relação aos Municípios envolvidos, a participação em uma unidade regional não os exime da formulação do respectivo plano diretor, o qual deve ser compatibilizado com o PDUI.

Por fim, a **revisão** do plano regional deve ser feita a cada **10 (dez) anos**.

7.6.2 Demais instrumentos da Lei nº 13.089/2015

Possível a instituição de **operações urbanas consorciadas interfederativas** no âmbito das unidades regionais. Como já analisado no Capítulo 5, as operações urbanas consorciadas estão disciplinadas no Estatuto da Cidade, cujos arts. 32 a 34 aplicam-se a essa nova categoria contemplada no Estatuto da Metrópole.

Também merece menção as **parcerias público-privadas interfederativas**. Relevante consignar que o regime das parcerias público-privadas (sigla: PPP), tópico integrante do direito administrativo, está contemplado na Lei n° 11.079/2004. De acordo com o art. 2° deste diploma, "parceria público-privada é o contrato administrativo de concessão, na modalidade patrocinada ou administrativa".

Além desses, elenquem-se outros instrumentos previstos no Estatuto da Metrópole:

- convênios de cooperação;
- consórcios públicos;
- contratos de gestão;
- compensação por serviços ambientais ou outros serviços prestados pelo Município à unidade territorial urbana;
- fundos públicos.

7.7 Jurisprudência do STF. A ADI 1.842/RJ

Um dos julgamentos do STF mais relevantes sobre as unidades regionais foi tomado no âmbito da ADI 1.842, que envolveu a Região Metropolitana do Rio de Janeiro e a Microrregião dos Lagos, cujas respectivas leis complementares estaduais transferiram ao Estado do Rio de Janeiro a titularidade do poder concedente para prestação de serviços públicos de interesse comum metropolitano (ADI 1.842/RJ, Rel. Min. Luiz Fux, *DJe* 16.09.2013).

No entanto, a Corte Maior julgou inconstitucionalidade referida transferência. "O parâmetro para aferição da constitucionalidade reside no respeito à divisão de responsabilidades entre municípios e estado. É necessário evitar que o poder decisório e o poder concedente se concentrem nas mãos de um único ente para preservação do autogoverno e da autoadministração dos municípios."

Nesse sentido, o STF reconheceu que a titularidade dos serviços de interesse comum pertence ao "colegiado formado pelos municípios e pelo estado federado". Assinalou ainda que a "participação dos entes nesse colegiado não necessita de ser paritária, desde que apta a prevenir a concentração do poder decisório no âmbito de um único ente. A participação de cada Município e do Estado deve ser estipulada em cada região metropolitana de acordo com suas particularidades, sem que se permita que um ente tenha predomínio absoluto".

8

Parcelamento do solo

8.1 Introdução

Uma das operações de urbanificação mais relevantes é o **parcelamento do solo urbano**, que consiste na divisão de uma área para fins de assentamento. Assim, o procedimento consiste em se tomar uma gleba (área ainda não parcelada) e dividir ou redividi-la em "parcelas destinadas ao exercício das funções elementares urbanísticas" (SILVA, 2006, p. 315).

Tamanha a sua relevância que conta com tratamento jurídico na Lei federal nº 6.766/1979, também conhecida como **Lei Lehmann**, uma referência ao nome do senador que autor do respectivo projeto de lei. Referido diploma "confere ao proprietário liberdade para retalhar o solo de sua propriedade, mediante determinadas condições" (FIGUEIREDO, 2005, p. 96).

Ressalte-se que o regime jurídico do parcelamento do solo conta com dispositivos sobre direito civil, penal, administrativo, urbanístico e cartorário. Trata-se de um mosaico normativo cuja finalidade é disciplinar essa complexa operação que é o parcelamento.

Nesse sentido, a Lei federal n° 6.766/1979 decorre do exercício da União para legislar:

- privativamente sobre direito civil, penal e registros públicos;
- concorrentemente sobre direito urbanístico (normas gerais federais).

Antecederam a Lei Lehmann os Decretos-lei n° 58/1937 e n° 271/1967.

Evidentemente, em relação ao regime do direito urbanístico, os Municípios podem exercer competência legislativa em assuntos de interesse local (art. 30, inciso I, da CF). Uma de suas atribuições relevantes é a definição dos requisitos específicos do parcelamento.

Atenção!

Os Municípios não podem legislar sobre as questões do parcelamento que tratem de direito civil, penal e de registro – matérias que são privativas da União.

8.2 Loteamento e desmembramento

Parcelamento constitui um gênero, contemplando espécies.

De acordo com a Lei n° 6.766/1979, são duas: o loteamento e o desmembramento.

Loteamento constitui a "subdivisão de gleba em lotes destinados a edificação, com abertura de novas vias de circulação, de logradouros públicos ou prolongamento, modificação ou ampliação das vias existentes" (art. 2°, § 1°).

Desmembramento, por sua vez, representa a "subdivisão de gleba em lotes destinados a edificação, com aproveitamento do sistema viário existente, desde que não implique na abertura de novas vias e logradouros públicos, nem no prolongamento, modificação ou ampliação dos já existentes" (art. 2°, § 2°).

A doutrina também define tais institutos. Conforme Hely, o **loteamento** representa "a divisão voluntária do solo em unidades edificáveis (lotes) com abertura de vias e logradouros públicos, na forma da legislação pertinente". Trata-se, assim, de mecanismo de urbanização. Já o **desmembramento**, "a simples divisão de área urbana ou urbanizável, com aproveitamento das vias públicas existentes" (MEIRELLES, 2005, p. 133). Constitui, logo, mera repartição de gleba, desvinculados de urbanização.

Verifica-se que a **diferença** entre essas duas operações urbanísticas é a preexistência ou não de **vias ou logradouros públicos** no âmbito do parcelamento. Enquanto o loteamento é caracterizado pela abertura de espaços públicos (ruas, praças etc.), o desmembramento, não. Outra diferença é que o loteamento é objeto de **registro** no cartório de imóveis, conforme o art. 167, inciso I, 19, da Lei n° 6.015/1973 (Lei de Registros Públicos); e o desmembramento, de **averbação** (art. 167, inciso II, 4, do mesmo diploma).

Em comum, as duas noções resultam a figura do **lote**, entendido como o "terreno servido de infraestrutura básica cujas dimensões atendam aos índices urbanísticos definidos pelo plano diretor ou lei municipal para a zona em que se situe" (art. 2°, § 4°, Lei n° 6.766/1979).

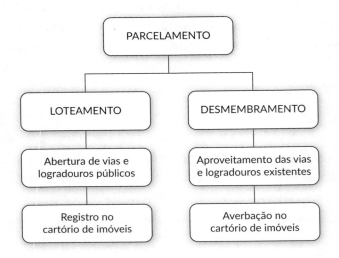

Para além dessas duas categorias, alguns autores fazem referência a outras categorias de parcelamento. José Afonso da Silva adiciona o arruamento, o desdobro de lote e o reparcelamento (SILVA, 2006, p. 316). Hely Lopes Meirelles faz referência ao arruamento, "que é unicamente a abertura de vias de circulação na gleba, como início de urbanização, mas que, por si só, não caracteriza loteamento ou desmembramento" (MEIRELLES, 2005, p. 134).

8.3 Infraestrutura básica

Considerando que o parcelamento representa uma operação de urbanificação, necessário que a área sobre a qual for implantada conte com **infraestrutura básica**, condição imprescindível para o bem-estar de seus habitantes.

Ocorre que a Lei Lehmann elenca quais são os equipamentos urbanos que devem constituí-la. Nos termos do art. 2°,

§ 5º, a infraestrutura básica dos parcelamentos é constituída pelos equipamentos urbanos de escoamento das águas pluviais, iluminação pública, esgotamento sanitário, abastecimento de água potável, energia elétrica pública e domiciliar e vias de circulação.

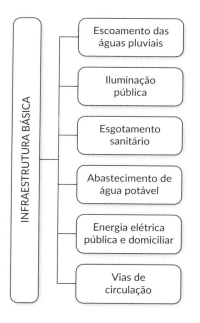

Além disso, a **infraestrutura básica** dos parcelamentos situados nas **zonas habitacionais** declaradas por lei como de **interesse social** (sigla: ZHIS) consistirá, no mínimo, de (art. 2º, § 6º):

- vias de circulação;
- escoamento das águas pluviais;
- rede para o abastecimento de água potável;
- soluções para o esgotamento sanitário e para a energia elétrica domiciliar.

> **Atenção!**
>
> A relação de infraestrutura básica para os parcelamentos em ZHIS (§ 6º do art. 2º) não equivale totalmente a dos parcelamentos em geral (§ 5º do art. 2º).
>
> Verifica-se que o parcelamento em ZHIS **não** exige a **iluminação pública** como equipamento obrigatório mínimo.

8.4 Admissibilidade de parcelamento

O parcelamento do solo urbano sofre regramento em relação ao local que pode ser implantado no Município. Assim, somente será admitido em **zonas urbanas**, de **expansão urbana** ou de **urbanização específica** (art. 3º da Lei Lehmann). A disciplina dessas categorias de zoneamento é definida pelo plano diretor ou aprovada por lei municipal.

Conclui-se, portanto, que o parcelamento objeto de regramento pela Lei nº 6.766/1979 **não** pode ser realizado em **zona rural**.

8.5 Vedações ao parcelamento

Há hipóteses em que é **vedada** a implantação de parcelamento do solo urbano. Todas elas têm em comum o fato de envolverem condições impróprias à ocupação, podendo geral riscos às pessoas. São elas (art. 3º, parágrafo único):

- em **terrenos alagadiços** e sujeitos a **inundações**, antes de tomadas as providências para assegurar o escoamento das águas;
- em terrenos que tenham sido aterrados com **material nocivo à saúde pública**, sem que sejam previamente saneados;
- em terrenos com **declividade igual ou superior a 30% (trinta por cento)**, salvo se atendidas exigências específicas das autoridades competentes;
- em terrenos onde as **condições geológicas** não aconselham a edificação;
- em **áreas de preservação ecológica** ou naquelas em que a **poluição** impeça condições sanitárias suportáveis, até a sua correção.

Relevante observar que, de acordo com a literalidade da lei, a maioria das situações impeditivas ao parcelamento podem ser revertidas por meio de intervenções que afastem a causa da proibição. Tais vedações são, portanto, **relativas**. Existe uma hipótese em que inexiste ressalva: a das condições geológicas que não aconselham a edificação. Nesse caso, a proibição é **absoluta**.

HIPÓTESE	RESSALVA	VEDAÇÃO ABSOLUTA OU RELATIVA?
Terrenos alagadiços e sujeitos a inundações	Providências para assegurar o escoamento das águas	Relativa
Terrenos aterrados com material nocivo à saúde	Saneamento	Relativa
Terrenos com declividade igual ou superior a 30%	Salvo se atendidas exigências específicas das autoridades	Relativa

HIPÓTESE	RESSALVA	VEDAÇÃO ABSOLUTA OU RELATIVA?
Terrenos em que as condições geológicas não aconselhem a edificação	—	Absoluta
Áreas de preservação ecológica ou naquelas em que a poluição impeça condições sanitárias suportáveis	Correção	Relativa

8.6 Requisitos urbanísticos para o loteamento

Os requisitos para o loteamento podem ser divididos em duas categorias. Os **requisitos gerais**, decorrentes da própria Lei nº 6.766/1979, que elenca as condições que devem ser observadas em loteamentos urbanos realizados no território nacional. Já os **requisitos específicos** são definidos por lei municipal, no exercício de sua atribuição para disciplinar assuntos de interesse local, notadamente o parcelamento do solo urbano (art. 30, incisos I e VIII, CF).

8.6.1 Requisitos gerais

A implantação de um loteamento está sujeita a uma série de requisitos de caráter urbanístico, conforme relação estampada no art. 4º da Lei nº 6.766/1979.

A primeira delas envolve a **proporcionalidade** entre os espaços públicos a serem instituídos (sistemas de circulação, equipamentos urbanos e comunitários e espaços livres de uso público) e a densidade de ocupação prevista pelo plano diretor ou outra lei municipal. Quanto maior essa densidade, mais espaços públicos devem ser implementados. Consideram-se comunitários os equipamentos públicos de educação, cultura, saúde, lazer e similares.

A segunda condição assume relação com a dimensão dos lotes gerados, os quais devem ter **área mínima de 125 m²** (cento e vinte e cinco metros quadrados) e **frente mínima de 5 (cinco) metros**. A norma estabelece uma ressalva: não se aplicam tais dimensões quando o loteamento se destinar a **urbanização específica** ou **edificação de conjuntos habitacionais de interesse social**, previamente aprovados pelos órgãos públicos competentes.

Outro requisito é a chamada **faixa *non aedificandi***, que representa a área sobre a qual é vedado erigir construções. Assim, ao longo das faixas de domínio público das rodovias, a reserva de faixa não edificável equivale a, no mínimo, 15 metros de cada lado. Convém observar que essa metragem poderá ser reduzida por lei municipal que aprovar o instrumento do planejamento territorial, até o limite mínimo de cinco metros de cada lado.

Além da situação anterior, a norma disciplina a faixa ao longo das águas correntes e dormentes, bem como a faixa de domínio das ferrovias, em relação às quais impõe-se a reserva de uma faixa não edificável de, no mínimo, 15 metros de cada lado.

Em relação à reserva de faixa *non aedifcandi* vinculada a dutovias, ela somente será exigida, se necessária, no âmbito do respectivo licenciamento ambiental, observados critérios e parâmetros que garantam a segurança da população e a proteção do meio ambiente, conforme estabelecido nas normas técnicas pertinentes.

Outrossim, o Poder Público competente poderá complementarmente exigir, em cada loteamento, a reserva de faixa *non aedificandi* destinada a equipamentos urbanos, considerados os equipamentos públicos de abastecimento de água, serviços de esgotos, energia elétrica, coletas de águas pluviais, rede telefônica e gás canalizado.

Verifica-se que o **regramento das faixas não edificáveis** varia conforme a hipótese específica. Esquematicamente:

FAIXA NON AEDIFICANDI	RODOVIAS	Mínimo de 15 metros (para cada lado).
		Observação: metragem pode ser reduzida por lei municipal, observado o limite mínimo de cinco metros.
	ÁGUAS CORRENTES E DORMENTES	Mínimo de 15 metros (para cada lado).
	FERROVIAS	Mínimo de 15 metros (para cada lado).
	DUTOVIAS	Metragem exigida, se necessário, no âmbito do respectivo licenciamento ambiental.
	EQUIPAMENTOS URBANOS	Metragem exigida pelo Poder Público competente em cada loteamento.
		Observação: equipamentos urbanos são aqueles relacionados a abastecimento de água, serviços de esgotos, energia elétrica, coletas de águas pluviais, rede telefônica e gás canalizado.

Considerando que o loteamento pressupõe a criação de novos espaços públicos, essas vias devem articular-se com as vias adjacentes oficiais, existentes ou projetadas. Ademais, devem harmonizar-se com a topografia local.

8.6.2 Requisitos específicos

Os requisitos específicos do loteamento (percentagem dos espaços públicos, áreas máximas dos lotes, coeficientes máximos de aproveitamento etc.) são definidos pela legislação municipal, nos termos da competência conferida constitucionalmente. É o que dispõe o art. 4°, § 1° (cf. redação dada em 1999 pela Lei n° 9.785).

Relevante observar que a redação original deste dispositivo prescrevia uma percentagem mínima de 35% (trinta e cinco por cento) da gleba destinada à área pública. Esse preceito, contudo, foi revogado, de modo a reforçar a atribuição municipal para defini-la.

8.6.3 Esquema geral dos requisitos do loteamento

REQUISITOS GERAIS	PROPORCIONALIDADE	Entre os espaços públicos e a densidade de ocupação
	METRAGEM DOS LOTES	■ Área mínima: 125 m² ■ Frente mínima: cinco metros **Exceção!** Loteamento destinado a urbanização específica ou edificação de conjuntos habitacionais de interesse social.
	ÁREAS NÃO EDIFICÁVEIS	Metragem depende da hipótese (ver esquema anterior).
	ARTICULAÇÃO	Entre os espaços públicos e serem instituídos e as vias já existentes.
REQUISITOS ESPECÍFICOS	DEMAIS ÍNDICES URBANÍSTICOS	Definição em lei municipal.

8.7 Processo de parcelamento do solo urbano

O parcelamento representa um **processo** cujo propósito último envolve a urbanificação de uma área urbana. Nesse sentido, é constituído por fases, cada qual associada a um aspecto específico. De modo geral, as etapas podem ser assim esquematizadas:

Fixação de diretrizes → Projeto de parcelamento → Análise pelo município → Registro do parcelamento

A seguir, serão analisadas todas elas.

8.7.1 Fixação de diretrizes

Trata-se de uma **etapa preliminar** em que são fixadas as **diretrizes** do loteamento.

A **competência** para essa definição é do **Município**, com base nos parâmetros contidos na Lei nº 6.766/1979 e na respectiva lei local. Isso é feito no âmbito de um processo administrativo e decorre de um pedido formulado pelo particular-loteador, que deve apresentar em seu requerimento a planta do imóvel contendo várias informações, como as divisas da gleba, a localização dos cursos d'água e construções nela existentes etc. (art. 6º).

O que são essas diretrizes? São as medidas que devem ser observadas pelo loteador na implantação do parcelamento. Elas referem-se às próprias **características** que o loteamento deve assumir, estando associadas ao uso do solo, ao traçado dos lotes, do sistema viário, dos espaços livres e das áreas reservadas para equipamento urbano e comunitário. Conforme preconiza o art. 7° da Lei n° 6.766/1979, o Município deverá, no âmbito da fixação das diretrizes, indicar o traçado básico do sistema viário principal, a localização aproximada dos terrenos destinados a equipamento urbano e comunitário e das áreas livres de uso público, entre outros aspectos.

A Lei n° 6.766/1979 não define o prazo para a expedição das diretrizes pelo Município. De modo geral, trata-se de matéria prevista em lei municipal.

As diretrizes expedidas vigorarão pelo **prazo máximo de quatro anos** (art. 7°, parágrafo único).

O procedimento de fixação de diretrizes é **obrigatório**? **Como regra, sim**. No entanto, a lei de parcelamento estabelece duas **exceções**: os Municípios com menos de 50.000 (cinquenta mil) habitantes e aqueles cujo plano diretor contiver diretrizes de urbanização para a zona em que se situe o parcelamento. Nessas hipóteses, lei municipal poderá dispensar a fase de fixação de diretrizes.

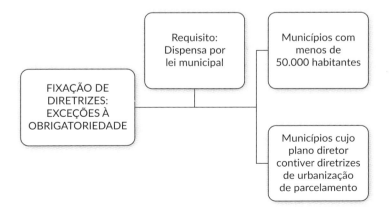

8.7.2 Projeto de parcelamento

A fase seguinte à fixação das diretrizes envolve o **projeto do parcelamento**. Esse projeto deve ser apresentado ao Município pelo loteador, devendo estar acompanhado do seguinte (art. 9º):

- desenhos (da subdivisão das quadras em lotes, com as respectivas dimensões e numeração; dos sistemas de vias públicas; da indicação das linhas de escoamento das águas pluviais etc.);
- memorial descritivo (o qual deverá conter a descrição sucinta do loteamento, a indicação das áreas públicas que passarão ao domínio municipal etc.);
- cronograma de execução das obras (com duração máxima de quatro anos);
- certidão atualizada da matrícula da gleba, expedido cartório de registro de imóveis;
- certidão negativa de tributos municipais;
- instrumento de garantia.

Caso se constate, a qualquer tempo, que a certidão da matrícula apresentada como atual não tem mais correspondência com os registros e averbações cartorárias do tempo da sua apresentação, além das consequências penais cabíveis, serão consideradas insubsistentes tanto as diretrizes expedidas anteriormente, quanto as aprovações daí decorrentes (art. 9º, § 3º).

Os arts. 10 e 11 da Lei nº 6.766/1979 dispõem sobre o **projeto de desmembramento**, que igualmente é analisado pela Prefeitura em razão de requerimento do particular interessado. Aplicam-se ao desmembramento, no que couber, as disposições urbanísticas vigentes para as regiões em que se situem ou, na ausência destas, as disposições urbanísticas para os loteamentos.

8.7.3 Aprovação do projeto

Apresentado o projeto do parcelamento pelo particular interessado, cabe a sua **análise pelo Município**, que detém **competência privativa** a sua aprovação.

Relevante observar que os **Estados** têm competência para **disciplinar**, mediante decreto, a aprovação pelos Municípios de parcelamentos inseridos nas seguintes hipóteses (art. 13):

- loteamento com área superior a 1.000.000 m² (um milhão de metros quadrados);
- parcelamento localizado em área de interesse especial (tais como as de proteção aos mananciais ou ao patrimônio cultural, histórico, paisagístico e arqueológico);
- parcelamento localizado em área limítrofe do município, ou que pertença a mais de um município, nas regiões metropolitanas ou em aglomerações urbanas.

No caso de loteamento ou desmembramento localizado em área de município integrante de região metropolitana, o exame e a anuência prévia à aprovação do projeto caberão à autoridade metropolitana.

Atenção!

Nas situações descritas anteriormente, o **Estado** tem atribuição somente para **disciplinar** a aprovação do parcelamento. Desse modo, a **aprovação** propriamente dita permanece na **esfera municipal**.

Imagine a situação hipotética em que foi protocolado um projeto de loteamento envolvendo uma área superior a 1.000.000 m², localizada em mais de um município.

Qual entidade federativa deve realizar a aprovação do loteamento?

A resposta correta é a seguinte: a aprovação deverá ocorrer em cada um dos municípios, na forma da disciplina feita pelo Estado.

Convém observar que a natureza jurídica do ato de aprovação é a de **ato administrativo vinculado**, na medida em que, presentes os requisitos legais, a Administração municipal deve expedir a aprovação. Trata-se, logo, de verdadeira **licença**. Há um direito subjetivo à aprovação do loteador.

É vedada a aprovação de projeto de loteamento e desmembramento em áreas de risco definidas como não edificáveis, no plano diretor ou em legislação dele derivada.

Qual o prazo para aprovação do projeto de parcelamento?

A Lei nº 6.766/1979 remete à **lei municipal** a disciplina do prazo para a aprovação do projeto de parcelamento, bem como o prazo para que as obras executadas sejam aceitas ou recusadas. Caso a legislação municipal seja **omissa**, os prazos aplicáveis são os seguintes (art. 16, § 2º):

(i) **90 (noventa) dias** para a aprovação ou rejeição do **projeto**;

(ii) **60 (sessenta) dias** para a aceitação ou recusa fundamentada das **obras de urbanização**.

Em qualquer caso, transcorridos os prazos sem a manifestação do Poder Público (silêncio administrativo), o projeto será considerado **rejeitado** (indeferimento tácito) ou as obras **recusadas**. Assegura-se indenização por eventuais danos derivados da omissão.

O projeto aprovado deverá ser executado no prazo constante do cronograma de execução, sob pena de **caducidade** da aprovação.

Importante destacar um relevante **efeito** da aprovação, que **impede a alteração** pelo loteador da destinação dos espaços públicos (espaços livres de uso comum, as vias e praças, as áreas destinadas a edifícios públicos e outros equipamentos urbanos) constantes do projeto e do memorial descritivo (art. 17). Exceção seja feita nas hipóteses de caducidade da aprovação ou da desistência do loteador. Este último caso somente é admitido se nenhum lote houver sido negociado ou, caso tenha sido, se houve anuência dos adquirentes.

Atenção!

Imagine a seguinte situação hipotética: uma empresa que atua na atividade de parcelamento protocolou no Município um projeto de loteamento, posteriormente aprovado. Contudo, previamente ao seu registro, a empresa apresentou um pedido para retirar uma das vias públicas constantes no projeto aprovado, sob o argumento de que a respectiva área seria utilizada para novos lotes.

Tal pedido pode ser deferido? A resposta é negativa, tendo em vista que as vias e praças constantes do projeto e do memorial descritivo não podem ter sua destinação alterada pelo loteador (art. 17 da Lei nº 6.766/1979).

8.7.4 Registro do parcelamento

A próxima fase do processo de parcelamento está associada ao seu registro no cartório de registro de imóveis.

Assim, aprovado o projeto de loteamento ou de desmembramento, o loteador deverá submetê-lo ao registro imobiliário. O prazo para tanto é de **180 (cento e oitenta) dias**, sob pena de **caducidade** da aprovação. Prevalece o entendimento de que tal prazo não se suspende nem se interrompe.

O requerimento perante o cartório imobiliário deve estar acompanhado de diversos documentos. São eles:

- Título de propriedade do imóvel ou certidão da matrícula. Essa exigência decorre do fato de que somente o proprietário pode lotear. No entanto, a própria Lei n° 6.766/1979 dispensa a comprovação da propriedade na hipótese de parcelamento popular destinado às classes de menor renda, em imóvel com processo de desapropriação judicial em curso e imissão provisória na posse.
- Histórico dos títulos de propriedade do imóvel, abrangendo os últimos 20 anos.
- Certidões negativas, entre as quais as fiscais (tributos federais, estaduais e municipais incidentes sobre o imóvel), as de ações reais referentes ao imóvel (pelo período de 10 anos). Também devem ser apresentadas certidões de ônus reais relativos ao imóvel, bem como de ações penais contra o loteador (pelo período de 10 anos).
- Cópia do ato de aprovação do loteamento e comprovante do termo de verificação pela Prefeitura da execução das obras exigidas legalmente (que incluirão, no mínimo, a execução das vias de circulação do loteamento, demarcação dos lotes, quadras e logradouros e das obras de escoamento das águas pluviais). Alternativamente, pode ser apresentada cópia da aprovação de um cronograma (com a duração máxima de quatro anos), acompanhado de competente instrumento de garantia para a execução das obras.
- Exemplar do contrato padrão de promessa de venda, ou de cessão ou de promessa de cessão.
- Declaração do cônjuge do requerente de que consente no registro do loteamento.

> **Atenção!**
>
> Para a **aprovação do projeto** de parcelamento, deve ser apresentada certidão negativa de tributos **municipais** (art. 9°, *caput*).
>
> Já para o **registro do parcelamento** aprovado, a exigência é mais ampla, referente às certidões negativas de tributos **federais, estaduais e municipais** (art. 18, inciso III, *a*).

Examinada a documentação e estando em ordem, o Oficial do Registro de Imóveis encaminhará comunicação à Prefeitura e publicará o edital do pedido de registro. Essa publicidade deve ser feita em três dias consecutivos, podendo ser impugnada no prazo de 15 dias contados da data da última publicação.

Findo esse prazo sem impugnação, será feito imediatamente o registro. No entanto, se houver impugnação de terceiros, o Oficial do Registro de Imóveis intimará o requerente e a Prefeitura Municipal, para que se manifestem no prazo de cinco dias, sob pena de arquivamento do processo. Com tais manifestações o processo será enviado ao juiz competente, que, previamente à decisão, ouvirá o Ministério Público.

Quando a área loteada estiver situada em mais de uma circunscrição imobiliária, o registro será requerido primeiramente perante aquela em que estiver localizada a maior parte da área loteada. Procedido o registro nessa circunscrição, o interessado requererá, sucessivamente, o registro do loteamento em cada uma das demais, comprovando perante cada qual o registro efetuado na anterior, até que o loteamento seja registrado em todas. É vedado ao interessado processar simultaneamente, perante diferentes circunscrições, pedidos de registro do mesmo loteamento, sendo nulos os atos praticados com infração a esta norma. Enquanto não procedidos todos os registros, considera-se o loteamento como não registrado para os efeitos da Lei n° 6.766/1979.

Um aspecto relevante do registro diz respeito aos seus **efeitos**.

O primeiro legitima a **venda (ou a promessa de venda) dos lotes** decorrentes do parcelamento. Nos termos do art. 37 da Lei n° 6.766/1979, "é vedado vender ou prometer vender parcela de loteamento ou desmembramento não registrado".

O segundo efeito diz respeito aos bens públicos relacionados ao loteamento. Conforme o art. 22, "desde a data de registro do loteamento, passam a integrar o domínio do Município as vias e praças, os espaços livres e as áreas destinadas a edifícios públicos e outros equipamentos urbanos, constantes do projeto e do memorial descritivo". Dessa forma, nos termos da lei, o registro representa o momento pelo qual se **transferem ao Município** os **espaços públicos** decorrentes do parcelamento, independentemente de qualquer outra operação de alienação. Trata-se de uma **transferência *ex lege***, que não acarreta qualquer ônus ao Município.

O registro do loteamento somente pode ser cancelado nas seguintes hipóteses:

- por decisão judicial;
- a requerimento do loteador, com anuência do Município (ou do Distrito Federal), enquanto nenhum lote houver sido objeto de contrato;
- a requerimento conjunto do loteador e de todos os adquirentes de lotes, com anuência do Município (ou do Distrito Federal) e do Estado.

A Prefeitura e o Estado apenas podem se opor ao cancelamento se disso resultar inconveniente comprovado para o desenvolvimento urbano ou se já se tiver realizado qualquer melhoramento na área loteada ou adjacências.

8.7.5 Teoria do concurso voluntário

Para além do disposto no art. 22 da Lei nº 6.766/1979, que impõe no ato do registro a transferência dos espaços públicos ao Município, a doutrina e a jurisprudência fazem referência a um regime diverso, denominado **concurso voluntário**.

Trata-se de uma teoria pela qual a transferência ao domínio público **independe de registro** no cartório de imóveis, desde que presentes duas condições:

- Haja **manifestação de vontade do particular**, no sentido de oferecer o bem ao Poder Público. Admite-se sua realização de modo expresso (por meio do requerimento de aprovação do loteamento) ou tácito (abertura das vias públicas).
- Haja **aceitação dos espaços pela Administração**, o que pode ocorrer pela aprovação do loteamento.

Necessário, portanto, um concurso de vontades: do particular-loteador e do Poder Público municipal. Daí a terminologia da teoria.

Convém apontar que o STJ já reconheceu a legitimidade da teoria: "A aprovação de loteamento pela Administração Pública transfere, automaticamente, os bens destinados ao uso comum ou ao uso especial da municipalidade para o domínio público, independente de registro. Precedentes do STF e do STJ" (REsp 1.137.710/PR, Rel. Min. Castro Meira, *DJe* 21.06.2013). Nesse julgado, restou consignado o seguinte:

> Com efeito, apresentado o projeto de loteamento, ofertando-se à administração áreas destinadas ao uso comum pela população ou ao uso especial pela municipalidade, e consumada a aceitação mediante a formal aprovação, nos termos da lei, do referido projeto, não há como deixar de reconhecer o compromisso legal assumidos entre as partes, envolvendo a transferência de bens particulares para o domínio público.

8.8 Implantação do plano de parcelamento

O parcelamento do solo urbano representa uma operação que resulta na figura do lote, cuja caraterização está relacionada à infraestrutura básica que deve servir o terreno. Como já referido anteriormente, essa infraestrutura é composta por equipamentos públicos envolvendo esgotamento sanitário, abastecimento de água potável etc. Além disso, na hipótese do loteamento, necessária a abertura de vias, bem como a demarcação dos lotes e quadras.

O questionamento que se faz é: quem deve implementar esse plano? O Poder Público ou o particular?

A **obrigação** recai primariamente sobre o **particular parcelador**. Com efeito, ao direito de parcelar uma área corresponde o ônus de executar o respectivo plano, no âmbito do qual se incluem as obras de infraestrutura básica. Trata-se de uma contrapartida que recai sobre o particular que está promovendo a operação urbanística de parcelamento.

Em relação ao momento de execução, o ordenamento oferece duas opções (art. 18, inciso V, da Lei n° 6.766/1979):

- Executar as obras antes do registro perante o cartório de imóveis. Exige-se a realização das obras mínimas de execução das vias de circulação do loteamento, demarcação dos lotes, quadras e logradouros e escoamento das águas pluviais. Assim, o início e a respectiva conclusão ocorrem antes da comercialização dos lotes.
- Executar as obras após o registro. Neste caso, o loteador deve apresentar perante o cartório imobiliário um cronograma de implantação do plano, com a duração máxima de quatro anos, acompanhado de competente instrumento de garantia para a execução das obras.

Em relação à segunda opção, referida garantia pode ser de caráter real ou pessoal. De modo geral, as leis municipais impõem a hipoteca de um percentual do total dos lotes. Descumprido o cronograma, cabe à Prefeitura declarar a irregularidade do parcelamento, com a notificação do parcelador, a execução da garantia oferecida e a tomada de providências visando à sua regularização.

Convém observar que o **Poder Público municipal** também assume **responsabilidade**, após a aprovação do parcelamento, e caso haja o seu desatendimento pelo parcelador. É o que já decidiu o STJ: "As obras de infraestrutura de um loteamento são debitadas ao loteador, e quando ele é oficialmente aprovado, solidariza-se o Município" (REsp 263.603/SP, 2ª Turma, Rel. Min. Eliana Calmon, *DJ* 24.05.2004). A Corte Superior entende que a responsabilidade do Município "é de imputação solidária, mas a execução é subsidiária, isto é, o Município responde somente nas hipóteses em que o loteador não possa fazê-lo" (REsp 1.736.397/RS, 2ª Turma, Rel. Min. Herman Benjamin, *DJe* 17.12.2018).

8.9 Contratos relacionados ao parcelamento

A Lei nº 6.766/1979 disciplina os contratos relacionados ao parcelamento do solo. Embora representem um instrumento próprio do direito civil, serão destacados os seus principais pontos.

O mais relevante deles é o **compromisso de compra e venda**. Trata-se de negócio irretratável, porquanto incabível o direito ao arrependimento, o qual, porém, foi relativizado pela Lei nº 13.786/2018, que incluiu o art. 26-A da lei de parcelamento. Além disso, o compromisso atribui direito a adjudicação compulsória e, estando registrado, confere direito real oponível a terceiros (art. 25).

Verifica-se que o registro é **facultativo** em relação aos seus **efeitos *inter partes***, ou seja, entre as partes contratantes (compromitente vendedor e compromissória comprador). Nesse sentido, as seguintes súmulas:

Súmula nº 239 do STJ	"O direito à adjudicação compulsória não se condiciona ao registro do compromisso de compra e venda no cartório de imóveis."

> **Súmula nº 413 do STF**: "O compromisso de compra e venda de imóveis, ainda que não loteados, dá direito à execução compulsória, quando reunidos os requisitos legais".

Já em relação a **terceiros**, o registro do compromisso de compra e venda é **obrigatório**.

Aquele que adquirir a propriedade loteada mediante ato *inter vivos*, ou por sucessão *causa mortis*, sucederá o transmitente em todos os seus direitos e obrigações, ficando obrigado a respeitar os compromissos de compra e venda ou as promessas de cessão, em todas as suas cláusulas. Qualquer disposição em contrário é nula, ressalvado o direito do herdeiro ou legatário de renunciar à herança ou ao legado.

O compromisso de compra e venda poderá ser feito por escritura pública ou por instrumento particular.

Qualquer alteração ou cancelamento parcial do loteamento registrado dependerá de acordo entre o loteador e os adquirentes de lotes atingidos pela alteração, bem como da aprovação pela Prefeitura Municipal, devendo ser depositada no Registro de Imóveis, em complemento ao projeto original, com a devida averbação.

Em caso de resolução contratual por fato imputado ao adquirente, deverão ser restituídos os valores pagos por ele, podendo ser descontados dos valores pagos, entre outros, o montante devido por cláusula penal e despesas administrativas, inclusive arras ou sinal. Em qualquer caso de rescisão por inadimplemento do adquirente, as benfeitorias necessárias ou úteis por ele levadas a efeito no imóvel deverão ser indenizadas, sendo de nenhum efeito qualquer disposição contratual em contrário. Somente não serão indenizadas as benfeitorias feitas em desconformidade com o contrato ou com a lei.

8.10 Loteamentos ilegais

A realidade dos **loteamentos ilegais** é um dos principais fatores para a degradação urbanística das cidades. A bem da verdade, essa noção pode ser dividida em duas categorias.

Os **loteamentos clandestinos** são aqueles que não foram aprovados pelo Poder Público municipal. Já os **loteamentos irregulares** representam os parcelamentos que, embora objeto de aval pelo Município, ou não foram inscritos ou foram executados em desconformidade com o plano ou plantas aprovadas.

Constatando-se a existência de um loteamento ilegal, o Poder Público municipal assume o encargo de proceder à fiscalização da desconformidade, bem como o de notificar o parcelador, para que regularize a situação. Além disso, deve notificar também eventuais adquirentes dos lotes, para suspenderem o pagamento decorrente de sua aquisição.

Caso o parcelador não regularize a situação, o ônus passa ao Município, nos termos do art. 40 da Lei n° 6.766/1979. A tutela do Poder Público é dupla: evitar lesão aos padrões de desenvolvimento urbano e defender os direitos dos adquirentes de lotes.

Em julgado paradigmático sobre o tema, o STJ expediu decisão no âmbito do REsp 1.164.893/SE, 1ª Seção, Rel. Min. Herman Benjamin, *DJe* 01.07.2019, apontando os contornos do ônus que o Município assume na regularização de um parcelamento ilegal. Entendeu a Corte Superior que embora exista "o poder-dever do Município de regularizar loteamentos clandestinos ou irregulares", "a sua atuação deve se restringir às obras essenciais a serem implantadas em conformidade com a legislação urbanística local (art. 40, § 5º, da Lei nº 6.799/1979), em especial à infraestrutura essencial para inserção na malha urbana, como ruas, esgoto, energia e iluminação pública, de modo a atender os moradores já instalados, sem prejuízo do também dever-poder da Administração de cobrar dos responsáveis os custos em que incorrer sua atuação saneadora".

Ao promover a regularização, o Município poderá obter judicialmente o levantamento das prestações depositadas pelos adquirentes dos lotes, como forma de se ressarcir das importâncias despendidas. Ademais, a Prefeitura poderá cobrar tais valores do próprio parcelador responsável pela ilegalidade, cabendo inclusive promover medidas judiciais para assegurar a recomposição dos valores gastos.

8.11 Loteamento de acesso controlado

Em 2017 foi inserida na Lei nº 6.766/1979 uma nova categoria de parcelamento: o **loteamento de acesso controlado** (art. 2º, § 8º). Trata-se de modalidade de loteamento cujo controle de acesso será regulamentado por ato do Poder Público municipal, sendo vedado o impedimento de acesso a pedestres ou a condutores de veículos, não residentes, devidamente identificados ou cadastrados.

Essa figura foi instituída com o objeto de regularizar a situação dos denominados **loteamentos fechados**, que constituíam uma realidade em diversas cidades brasileiras, sem que houvesse um correspondente regramento jurídico adequado. Isso porque esses loteamentos fechados constituíam-se com base na Lei nº 6.766/1979, porém eram isolados do restante da cidade, mediante o erguimento de muros ou outros meios que restringiam o acesso daqueles que não moravam no local. Assim, os espaços públicos decorrentes do loteamento acabavam sendo privatizados pelos respectivos moradores, gerando uma incongruência jurídica considerável.

Nesse sentido, a criação do loteamento de aceso controlado implantou uma solução jurídica que buscou compatibilizar essas incoerências. De um lado, preservou-se a figura do loteamento e a sua característica de criação de espaços públicos, muitos deles bens de uso comum do povo; de outro lado, não impediu o acesso aos não residentes, embora exija-lhes identificação e cadastro.

9

Regularização fundiária

9.1 Introdução

O fenômeno da urbanização no Brasil, caracterizado pela falta de planejamento, depositou na cidade uma massa gigantesca de pessoas, sem uma correspondente capacidade para suportá-las. No interregno de 40 anos, mais de 100 milhões de pessoas passaram a viver nas cidades. Essa realidade gerou uma série de problemas, entre as quais a disseminação de espaços como favelas, cortiços, áreas resultantes de parcelamentos clandestinos etc. De acordo com o Censo de 2010 do IBGE, 6% (seis por centro) da população brasileira vivia nesses aglomerados, marcados pela precariedade social.

Com base nesse contexto, duas expressões são tradicionais em direito urbanístico. De um lado, a **cidade formal**, constituída pelos núcleos urbanos que estão em conformidade com as leis de ocupação e assentamento do solo, e cuja população goza de padrões satisfatórios de vida, sobretudo em relação à oferta de equipamentos públicos, como os de distribuição de água potável, e de energia elétrica, coleta de esgoto, entre outros. De outro, a **cidade informal**, integrada pelos aglomerados subnormais que destoam dos padrões urbanísticos, desprovidos de condições de infraestrutura básica. Essa disparidade de realidades evidencia a desigualdade social que caracteriza o Brasil.

No entanto, um dos objetivos da República Federativa do Brasil é a erradicação da pobreza e da marginalização, bem como a redução das desigualdades sociais e regionais (art. 3°, inciso III, da CF). Além disso, o escopo constitucional da política urbana é desenvolver as funções sociais da cidade e garantir o bem-estar de seus habitantes (art. 182, *caput*). Diante desse quadro é que se desenvolveu a **regularização fundiária**, que pode ser considerada uma verdadeira política pública de cunho urbanístico.

Convém recordar que se trata de noção que constitui uma **diretriz geral** consagrada expressamente no Estatuto da Cidade: regularização fundiária e urbanização de áreas ocupadas por população de baixa renda mediante o estabelecimento de normas especiais de urbanização, uso e ocupação do solo e edificação, consideradas a situação socioeconômica da população e as normas ambientais (art. 2°, inciso XIV). Além de constituir uma diretriz, representa um **instrumento** de tutela de política urbana igualmente previsto no Estatuto da Cidade (art. 4°, inciso V, *q* e *t*).

Ocorre que esse Estatuto não disciplina os seus contornos jurídicos, o que exigiu um regramento específico em âmbito nacional. Isso se deu inicialmente com a Lei n° 11.977/1969, a qual, além de versar sobre programa de habitação popular, sistematizou o tema da regularização fundiária no Brasil. Posteriormente, esta norma foi substituída pela **Lei n° 13.465/2017**, que atualmente dispõe sobre a matéria. No que se refere ao direito urbanístico, esse diploma regra o instituto da **regularização fundiária urbana** (sigla REURB).

9.2 Aspectos da regularização fundiária

A REURB pode ser **definida** como as medidas jurídicas, urbanísticas, ambientais e sociais destinadas à incorporação dos núcleos urbanos informais ao ordenamento territorial urbano e à titulação de seus ocupantes (art. 9º, *caput*). Dessa definição podem-se extrair diversos aspectos relevantes sobre o instituto.

O regramento jurídico da regularização representou verdadeira **ruptura** com a concepção que até então se tinha. De fato, a noção de regularização fundiária era considerada como uma situação excepcional, *ultima ratio*, pois seu objetivo era incorporar na juridicidade uma realidade desconforme com o direito. Tanto assim que não era objeto de estudo e aplicação sistemáticas.

Ocorre que sobreveio uma mudança de paradigma, uma inversão copernicana acerca da ideia de regularização, que hoje detém caráter de verdadeira teoria jurídica, objeto de regramento próprio e sistemático. Assim, a incorporação da cidade informal pela cidade formal, da ilegalidade pela legalidade, deve ser compreendida como uma diretiva.

Outro aspecto extraído da definição legal anterior são os planos que a regularização fundiária assume, ou seja, qual o seu objeto. São eles:

- Plano **jurídico**: associado à legalização da posse e do domínio dos ocupantes, mediante a concessão de títulos a eles.
- Plano **urbanístico**: relacionado à adaptação da legislação urbanística, assim também à implantação de infraestrutura urbana e à conexão entre as cidades informal e formal. Convém destacar que os Municípios poderão dispensar as exigências relativas ao percentual e às dimensões de áreas destinadas ao uso público ou ao tamanho dos lotes regularizados, assim como a outros parâmetros urbanísticos e edilícios.
- Plano **ambiental**: a regularização não pode desprezar a necessidade de instauração de um meio ambiente ecologicamente equilibrado.
- Plano **social**: adstrito, entre outros aspectos, à própria permanência da população de baixa renda nas áreas regularizadas, de modo a evitar o fenômeno da gentrificação.

9.3 Objetivos

Diversos são os **objetivos** da REURB. Eles devem ser observados pela União, Estados, Distrito Federal e Municípios. Estão eles elencados no art. 10, entre os quais:

- identificar os núcleos urbanos informais que devam ser regularizados, organizá-los e assegurar a prestação de serviços públicos aos seus ocupantes;
- criar unidades imobiliárias compatíveis com o ordenamento territorial urbano e constituir sobre elas direitos reais em favor dos seus ocupantes, preferencialmente em nome da mulher (objetivo relacionado com o plano jurídico que preconiza a titulação das ocupações);
- ampliar o acesso à terra urbanizada pela população de baixa renda, de modo a priorizar a permanência dos ocupantes nos próprios núcleos urbanos informais regularizados (escopo que busca evitar a já referida gentrificação);
- promover a integração social e a geração de emprego e renda (plano social, suprarreferido);
- estimular a resolução extrajudicial de conflitos, em reforço à consensualidade e à cooperação entre Estado e sociedade;
- concretizar o princípio constitucional da eficiência na ocupação e no uso do solo;

- franquear participação dos interessados nas etapas do processo de regularização fundiária (aplicação do princípio da democracia participativa).

9.4 Espécies de REURB

A regularização fundiária urbana compreende duas modalidades principais (art. 13).

A primeira é a **REURB de Interesse Social** (sigla REURB-S), consistente na regularização fundiária aplicável aos núcleos urbanos informais ocupados predominantemente por população de baixa renda, assim declarados em ato do Poder Executivo municipal.

A segunda envolve a **REURB de Interesse Específico** (sigla REURB-E). Trata-se da regularização fundiária aplicável aos núcleos urbanos informais ocupados por população não qualificada na categoria anterior. Representa, logo, modalidade residual.

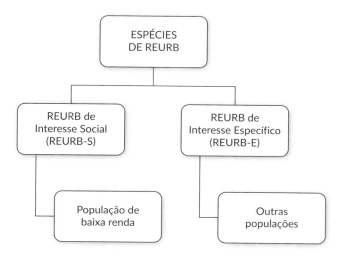

Alguns autores apontam uma terceira modalidade, a REURB inominada prevista no art. 69 da Lei nº 13.465/2017, relacionada aos parcelamentos anteriores a 1979, ano da Lei nº 6.766.

Um dos aspectos relevantes que decorrem dessa divisão refere-se à elaboração e ao custeio do projeto de REURB, bem como à implantação da infraestrutura essencial (art. 33, § 1º).

Dessa forma, como regra, na **REURB-S**, cabe ao Município (ou ao Distrito Federal) a responsabilidade de elaborar e custear o projeto de regularização fundiária e a implantação da infraestrutura essencial, quando necessária. Já na **REURB-E**, a regularização fundiária é contratada e custeada por seus potenciais beneficiários ou requerentes privados.

9.5 Instrumentos de REURB

A implementação da regularização fundiária urbana está condicionada aos instrumentos que lhe deem concretude. Eles estão elencados no art. 15 da Lei da REURB, abrangendo mecanismos previstos no Código Civil (doação, compra e venda), no Estatuto da Cidade (transferência do direito de construir, direito de preempção) e na Lei nº 6.766/1979 (intervenção do Poder Público em parcelamento clandestino ou irregular). Outros, ainda, são próprios para a regularização, tendo sido criados pela própria Lei nº 13.465/2017, como a legitimação fundiária.

Serão analisados a seguir aqueles mais relevantes para concursos públicos.

9.5.1 Zonas Especiais de Interesse Social (ZEIS)

As **Zonas Especiais de Interesse Social (ZEIS)** estão elencadas no Estatuto da Cidade como um instrumento jurídico-urbanístico (art. 4°, inciso V, alínea *f*). Também representam um instrumento previsto na Lei n° 13.465/2017 (art. 18). Representam a parcela de área urbana instituída pelo plano diretor ou definida por outra lei municipal, destinada preponderantemente à população de baixa renda e sujeita a regras específicas de parcelamento, uso e ocupação do solo (art. 18, § 1°).

Sua característica principal é o estabelecimento de índices urbanísticos diferenciados, compatíveis com a ocupação verificada na área. Assim, os Municípios podem prever ZEIS de modo a favorecer a construção de habitações de interesse social destinadas a população hipossuficiente, eliminando exigências construtivas que legalmente são previstas para as demais regiões da cidade. Observe-se que as ZEIS asseguram a efetiva incidência do princípio da igualdade, porquanto implantam um tratamento isonômico em relação ao direito à moradia, mediante o tratamento diferenciado a uma população inserida em uma condição desigual.

Uma importante funcionalidade dessas zonas é combater a especulação, na medida em que estabelecem restrições a empreendimentos imobiliários privados. Com isso, mitiga-se a possibilidade de gentrificação.

Atenção!

Embora essa zona especial esteja prevista na Lei n° 13.465/2017, a realização de REURB **não** está condicionada à existência de ZEIS (art. 18, § 2°).

9.5.2 Demarcação urbanística

Trata-se de instrumento criado pela Lei n° 11.977/2009 e mantido pela atual Lei da REURB (arts. 19 a 22). A **demarcação urbanística** representa o procedimento destinado a identificar os imóveis, públicos e privados, abrangidos pelo núcleo urbano informal. Muitas vezes essa delimitação é necessária, ante a dificuldade na descrição da área envolvida, sobretudo no âmbito do registro imobiliário.

Verifica-se, portanto, que equivale a um **instrumento auxiliar** da REURB, de modo a não representar uma condição necessária para o processamento e a efetivação da regularização.

O procedimento de demarcação inicia-se com a notificação dos titulares do domínio da área e de seus confrontantes, os quais poderão apresentar impugnação. A ausência de manifestação é interpretada como concordância com a demarcação urbanística. Já na hipótese de apresentação de impugnação, cabível a adoção de procedimento extrajudicial de composição de conflitos (mediação ou arbitragem).

Concluído o procedimento, é expedido o auto de demarcação, objeto de averbação no registro de imóveis.

9.5.3 Legitimação de posse

A **legitimação de posse** é o ato do poder público destinado a conferir ao ocupante um título, por meio do qual fica reconhecida a posse de imóvel objeto da REURB, podendo ser convertido em direito real de propriedade. O seu objetivo é o reconhecimento do fato da posse por meio de um título, de modo que, cumpridas determinadas condições, a posse pode ser convertida em propriedade.

A conversão da posse em propriedade baseia-se na aplicação da usucapião especial urbana prevista no art. 183 da CF e disciplinada no Estatuto da Cidade (cf. estudada no Capítulo 5). Consigne-se que o convertimento é automático, independentemente de prévia provocação ou prática de ato registral. Caso não incidam os requisitos do art. 183 da CF, cabível a conversão em propriedade, desde que satisfeitos os requisitos de uma outra modalidade de usucapião prevista no Código Civil. Nesse caso, imprescindível o requerimento do interessado perante o registro de imóveis.

A legitimação de posse, após convertida em propriedade, constitui forma originária de aquisição de direito real. Assim, o imóvel regularizado resta livre e desembaraçado de quaisquer ônus, direitos reais, gravames ou inscrições, eventualmente existentes em sua matrícula de origem, exceto quando disserem respeito ao próprio beneficiário.

Além disso, a legitimação de posse poderá ser transferida por *causa mortis* ou por ato *inter vivos*.

Atenção!

Nos termos da Lei de REURB, a legitimação de posse não se aplica aos imóveis urbanos situados em área de titularidade do poder público (art. 25, § 2º). Desse modo, o instrumento aplica-se apenas em **áreas privadas**.

9.5.4 Legitimação fundiária

A **legitimação fundiária** constitui mecanismo de reconhecimento da aquisição originária do direito real de propriedade sobre unidade imobiliária objeto da REURB. Trata-se de instrumento criado pela Lei nº 13.465/2017.

A aquisição do domínio verifica-se àquele que detiver como sua unidade imobiliária com destinação urbana, integrante de núcleo urbano informal consolidado, existente em 22 de dezembro de 2016. Essa legitimação incide tanto sobre área **pública** quanto sobre área **privada**. A lei impõe algumas condições para tanto:

- o beneficiário não seja concessionário, foreiro ou proprietário de imóvel urbano ou rural;
- o beneficiário não tenha sido contemplado com legitimação de posse ou fundiária de imóvel urbano com a mesma finalidade, ainda que situado em núcleo urbano distinto;
- em caso de imóvel urbano com finalidade não residencial, seja reconhecido pelo poder público o interesse público de sua ocupação.

A legitimação fundiária constitui forma originária de aquisição da propriedade, motivo pelo qual os ônus reais incidentes sobre o imóvel extinguem-se. Nesse sentido, o ocupante adquire a unidade imobiliária livre e desembaraçada de quaisquer ônus, direitos reais, gravames ou inscrições, eventualmente existentes em sua matrícula de origem, exceto quando disserem respeito ao próprio legitimado.

9.5.5 Arrecadação de imóveis abandonados

A **arrecadação de imóveis abandonados** está prevista nos arts. 64 e 65 da Lei nº 13.465/2017, bem como no art. 1.276 do Código Civil.

Assim, os imóveis urbanos privados abandonados cujos proprietários não possuam a intenção de conservá-los em seu patrimônio ficam sujeitos à arrecadação pelo Município (ou pelo Distrito Federal), na condição de bem vago.

Presume-se essa intenção quando o proprietário, cessados os atos de posse sobre o imóvel, não adimplir os ônus fiscais instituídos sobre a propriedade predial e territorial urbana, por cinco anos.

A Lei de REURB prevê um procedimento administrativo de arrecadação, com base nas seguintes fases:

- abertura de processo administrativo para tratar da arrecadação;
- comprovação do tempo de abandono e de inadimplência fiscal;
- notificação ao titular do domínio para, querendo, apresentar impugnação no prazo de 30 dias, contado da data de recebimento da notificação;
- a ausência de manifestação do titular do domínio é interpretada como concordância com a arrecadação.

9.6 Processo administrativo de REURB

9.6.1 Organograma

A regularização fundiária urbana representa um processo administrativo conduzido pelo Município, devendo obedecer, como regra, às seguintes fases:

9.6.2 Legitimados

O procedimento inicia-se mediante o requerimento dos legitimados, que podem ser:

- a União, os Estados, o Distrito Federal e os Municípios, diretamente ou por meio de entidades da administração pública indireta;

- ocupantes beneficiários, individual ou coletivamente, diretamente ou por meio de terceiros (cooperativas habitacionais, associações de moradores, organizações sociais etc.);
- os proprietários de imóveis ou de terrenos, loteadores ou incorporadores;
- a Defensoria Pública, em nome dos beneficiários hipossuficientes; e
- o Ministério Público.

Consigne-se que os legitimados podem promover todos os atos necessários à regularização fundiária, inclusive requerer os atos de registro.

9.6.3 Do procedimento específico de REURB

A instauração do processo da REURB decorrerá de decisão do Município, a quem compete proceder às buscas necessárias para determinar a titularidade do domínio dos imóveis onde está situado o núcleo urbano informal a ser regularizado. Quer se trate de imóveis públicos ou privados, cabe ao ente local notificar os proprietários, os responsáveis pela implantação do núcleo urbano informal, os confinantes e os terceiros eventualmente interessados. Todos eles podem apresentar impugnação no prazo de 30 dias, contado da data de recebimento da notificação.

Na hipótese de apresentação de impugnação, inicia-se o procedimento extrajudicial de composição de conflitos. Nesse sentido, poderão ser criadas no âmbito da administração local câmaras de prevenção e resolução administrativa de conflitos, inclusive mediante celebração de ajustes com os Tribunais de Justiça estaduais. O escopo é o de dirimir conflitos relacionados à REURB, mediante solução consensual.

Sucede-se a elaboração e a análise do projeto de regularização fundiária, em que devem constar as responsabilidades das partes envolvidas. Consigne-se que o pronunciamento da autoridade com atribuição para decidir o processo administrativo de REURB deve:

- aprovar o projeto de REURB;
- indicar as intervenções a serem executadas, se for o caso, conforme o projeto de regularização fundiária aprovado;
- identificar e declarar os ocupantes de cada unidade imobiliária com destinação urbana regularizada, e os respectivos direitos reais.

Em seguida, expede-se a Certidão de Regularização Fundiária (sigla CRF), que consiste no ato administrativo de aprovação da regularização. Por fim, deve ser realizado perante o cartório de imóveis o registro da CRF e do respectivo projeto de regularização fundiária aprovado.

10

Mobilidade urbana

10.1 Introdução

Um dos componentes das funções sociais da cidade (art. 182, *caput*, CF) é a **mobilidade** da população no espaço urbano. De fato, o bem-estar de seus habitantes pressupõe a possibilidade de efetiva e eficaz circulação das pessoas, que detém interface com o próprio direito de ir e vir. Também merece destaque a relação com o direito social ao transporte, inserto no art. 6º da CF.

Ocorre que a mobilidade urbana constitui uma das principais dificuldades tanto dos grandes centros urbanos, caracterizados por congestionamentos paralisantes, quanto das pequenas cidades, carentes de alternativas públicas de transporte.

O modelo atual de mobilidade urbana caminha para a insustentabilidade, devido principalmente às inadequações existentes no contexto das cidades brasileiras, às especulações entre proprietários dos meios de transporte coletivo, à pressão de grupos econômicos que controlam o material rodante ou a prestação de serviços públicos (MILARÉ, 2018, p. 1.534).

É nesse sentido que foi editada a **Lei da Política Nacional de Mobilidade Urbana (Lei n° 12.587/2012)**, que disciplina a integração entre os diferentes modos de transporte e a melhoria da acessibilidade e mobilidade das pessoas e cargas no território do Município. Esse diploma decorreu da competência da União para instituir diretrizes para o desenvolvimento urbano, o que inclui os transportes urbanos (arts. 21, XX, e 182, *caput*, da CF/1988).

10.2 Sistema Nacional de Mobilidade Urbana

O Sistema Nacional de Mobilidade Urbana é o conjunto organizado e coordenado dos modos de transporte, de serviços e de infraestruturas que garante os deslocamentos de pessoas e cargas no território do Município. Trata-se dos meios necessários à circulação.

Com base nisso, a lei estabelece uma série de classificações, cf. esquema a seguir:

SISTEMA NACIONAL DE MOBILIDADE URBANA CLASSIFICAÇÕES	
MODOS DE TRANSPORTE	■ motorizados (veículos automotores)
	■ não motorizados (aqueles que se utilizam do esforço humano ou tração animal)
INFRAESTRUTURA DE MOBILIDADE URBANA	■ vias e demais logradouros públicos, inclusive metroferrovias, hidrovias e ciclovias
	■ estacionamentos
	■ terminais, estações e demais conexões
	■ pontos para embarque e desembarque de passageiros e cargas
	■ sinalização viária e de trânsito
	■ equipamentos e instalações
	■ instrumentos de controle, fiscalização, arrecadação de taxas e tarifas e difusão de informações

SISTEMA NACIONAL DE MOBILIDADE URBANA CLASSIFICAÇÕES		
SERVIÇOS DE TRANSPORTE	QUANTO AO OBJETO	■ de passageiros ■ de cargas
	QUANTO À CARACTERÍSTICA DO SERVIÇO	■ coletivo ■ individual
	QUANTO À NATUREZA DO SERVIÇO	■ público ■ privado

10.3 Definições

A Lei nº 12.587/2012 elenca no art. 4º uma série de conceitos que integram o regime jurídico da mobilidade urbana, apresentando a definição de cada qual. Entre elas, destacam-se as seguintes:

- **mobilidade urbana**: condição em que se realizam os deslocamentos de pessoas e cargas no espaço urbano;
- **acessibilidade**: facilidade disponibilizada às pessoas que possibilite a todos autonomia nos deslocamentos desejados;
- **transporte privado coletivo**: serviço de transporte de passageiros não aberto ao público para a realização de viagens com características operacionais exclusivas para cada linha e demanda;
- **transporte público individual**: serviço remunerado de transporte de passageiros aberto ao público, por intermédio de veículos de aluguel, para a realização de viagens individualizadas;
- **transporte remunerado privado individual de passageiros**: serviço remunerado de transporte de passageiros, não aberto ao público, para a realização de viagens individualizadas ou compartilhadas solicitadas exclusivamente por usuários previamente cadastrados em aplicativos ou outras plataformas de comunicação em rede.

10.4 Princípios, diretrizes e objetivos

Também são elencados os princípios, as diretrizes e os objetivos da Política Nacional de Mobilidade Urbana. Esquematicamente:

PRINCÍPIOS (art. 5º)	DIRETRIZES (art. 6º)	OBJETIVOS (art. 7º)
■ Acessibilidade universal ■ Equidade ■ Eficiência, eficácia e efetividade ■ Gestão democrática e controle social ■ Justa distribuição dos benefícios e ônus **Observação:** o art. 5º contempla outros princípios	■ Integração com as demais políticas setoriais (habitação, saneamento etc.) ■ Prioridade dos modos de transportes não motorizados sobre os motorizados ■ Prioridade dos serviços de transporte público coletivo sobre o transporte individual motorizado ■ Incentivo ao desenvolvimento científico-tecnológico e ao uso de energias renováveis e menos poluentes **Observação:** o art. 6º contempla outras diretrizes	■ Reduzir as desigualdades e promover a inclusão social ■ Proporcionar melhoria nas condições urbanas da população no que se refere à acessibilidade e à mobilidade ■ Promover o desenvolvimento sustentável com a mitigação dos custos ambientais e socioeconômicos dos deslocamentos de pessoas e cargas nas cidades **Observação:** o art. 7º contempla outros objetivos

10.5 Transporte remunerado privado individual de passageiros

Como visto, essa categoria de transporte abrange o serviço remunerado de passageiros, envolvendo usuários previamente cadastrados em aplicativos ou outras plataformas de comunicação em rede. É o exemplo do transporte por aplicativo como o Uber.

Compete **exclusivamente** aos **Municípios** (e ao Distrito Federal) regulamentar e fiscalizar esse serviço. A normatização local deve observar alguns parâmetros, como a efetiva cobrança dos tributos municipais devidos pela prestação do serviço, a exigência de contratação de seguros (como o DPVAT) e a exigência de inscrição do motorista como contribuinte individual do INSS.

Ademais, o exercício de tal atividade somente será autorizado ao motorista que cumprir determinadas condições, como possuir Carteira Nacional de Habilitação (CNH) na respectiva categoria, emitir e manter o Certificado de Registro de Licenciamento de Veículo (CRLV), além de não possuir antecedentes criminais.

A inobservância dos aspectos anteriores caracteriza transporte ilegal de passageiros.

10.6 Direitos dos usuários

Garante-se aos **usuários** do Sistema Nacional de Mobilidade Urbana uma série de **direitos**, sem prejuízo daqueles previstos no Código de Defesa do Consumidor (Lei nº 8.078/1990) e na Lei de Concessão de Serviços Públicos (Lei nº 8.987/1995).

São eles (art. 14):

- Receber o serviço adequado.
- Participar do planejamento, da fiscalização e da avaliação da política local de mobilidade urbana (princípio da democracia participativa e da gestão democrática).
- Ser informado nos pontos de embarque e desembarque de passageiros, de forma gratuita e acessível, sobre itinerários,

horários, tarifas dos serviços e modos de interação com outros modais.
- Ter ambiente seguro e acessível para a utilização do sistema, sobretudo em relação às pessoas portadoras de deficiência ou com mobilidade reduzida, os idosos com idade igual ou superior a 60 anos, as gestantes, as lactantes, as pessoas com crianças de colo e os obesos.

A implementação da **democracia participativa** no âmbito da Política Nacional de Mobilidade Urbana efetiva-se mediante os seguintes instrumentos:

- órgãos colegiados com a participação de representantes do Poder Executivo, da sociedade civil e dos operadores dos serviços;
- ouvidorias nas instituições responsáveis pela gestão do Sistema Nacional de Mobilidade Urbana ou nos órgãos com atribuições análogas;
- audiências e consultas públicas;
- procedimentos sistemáticos de comunicação, de avaliação da satisfação dos cidadãos e dos usuários e de prestação de contas públicas.

10.7 Atribuições das entidades federativas

A mobilidade urbana representa uma competência comum das entidades federativas.

A **União** assume a atribuição de prestar os serviços de transporte público interestadual de caráter urbano. Pode prestá-los diretamente, por delegação ou gestão associada. Cabível assinalar a possibilidade transferir o múnus aos Estados, ao DF e aos Municípios, desde que constituído consórcio público ou convênio de cooperação para tal fim.

Além disso, compete à esfera federal prestar assistência técnica e financeira aos demais entes, fomentar a implantação de projetos de transporte público coletivo de grande e média capacidade nas aglomerações urbanas e nas regiões metropolitanas, entre outras.

Os **Estados**, por sua vez, assumem a atribuição de prestar, diretamente ou por delegação ou gestão associada, os serviços de transporte público coletivo intermunicipais de caráter urbano. Cabível transferi-los aos Municípios, desde que constituído consórcio público ou convênio de cooperação para tal desiderato.

Compete também aos entes estaduais propor política tributária específica e de incentivos para a implantação da Política Nacional de Mobilidade Urbana, bem como garantir nos entes regionais (art. 25, § 3°, CF) a integração dos serviços nas áreas que ultrapassem os limites de um Município.

Já aos **Municípios** incumbe o encargo de prestar, direta, indiretamente ou por gestão associada, os serviços de transporte público coletivo urbano, que têm caráter essencial. Igualmente devem capacitar pessoas e desenvolver as instituições vinculadas à política local de mobilidade urbana.

O **Distrito Federal** assume as atribuições previstas para os Estados e Municípios.

10.8 Plano de mobilidade urbana

Um dos mais relevantes instrumentos de planejamento no campo da circulação nas cidades é o **plano de mobilidade urbana**, instrumento de efetivação da Política Nacional de Mobilidade Urbana. Compete aos Municípios elaborá-lo.

Esse documento deve contemplar os princípios, objetivos e diretrizes (cf. analisado anteriormente), bem como diversos aspectos, entre os quais os serviços de transporte público coletivo, as infraestruturas do sistema de mobilidade urbana (incluindo as ciclovias e ciclofaixas), a acessibilidade para pessoas com deficiência e restrição de mobilidade, os polos geradores de viagens, as áreas de estacionamentos (públicos e privados, gratuitos ou onerosos) etc.

O plano deve ser objeto de revisão e atualização periódica, em prazo não superior a 10 anos.

Ficam **obrigados** a elaborar o plano de mobilidade urbana os Municípios:

- com mais de 20.000 (vinte mil) habitantes;
- integrantes de regiões metropolitanas, regiões integradas de desenvolvimento econômico e aglomerações urbanas com população total superior a 1.000.000 (um milhão) de habitantes;
- integrantes de áreas de interesse turístico, incluídas cidades litorâneas que têm sua dinâmica de mobilidade normalmente alterada nos finais de semana, feriados e períodos de férias, em função do aporte de turistas, conforme critérios a serem estabelecidos pelo Poder Executivo.

Os **prazos** para tanto são:

- até 12 de abril de 2022, para Municípios com mais de 250.000 habitantes;
- até 12 de abril de 2023, para Municípios com até 250.000 habitantes.

Descumprida a obrigatoriedade em tais prazos, os Municípios inadimplentes apenas poderão solicitar e receber recursos federais destinados à mobilidade urbana caso sejam utilizados para a elaboração do próprio plano.

10.9 Instrumentos de gestão

A Lei n° 12.587/2012 prevê uma série de instrumentos de gestão do sistema de transporte e da mobilidade urbana (art. 23). Citem-se alguns deles:

- restrição e controle de acesso e circulação, permanente ou temporário, de veículos motorizados em locais e horários predeterminados (trata-se do chamado "rodízio" de veículos);
- estipulação de padrões de emissão de poluentes para locais e horários determinados, podendo condicionar o acesso e a circulação aos espaços urbanos sob controle;
- aplicação de tributos sobre modos e serviços de transporte urbano pela utilização da infraestrutura urbana, visando desestimular o uso de determinados modos e serviços de mobilidade (função extrafiscal dos tributos). As receitas daí decorrentes devem ser vinculadas à aplicação exclusiva em infraestrutura urbana destinada ao transporte público coletivo e ao transporte não motorizado e no financiamento do subsídio público da tarifa de transporte público;
- dedicação de espaço exclusivo nas vias públicas para os serviços de transporte público coletivo e modos de transporte não motorizados;
- convênios para o combate ao transporte ilegal de passageiros.

11

Tutela urbanística

11.1 Interesses metaindividuais e a ordem urbanística

Representa um grande avanço da ciência jurídica o desenvolvimento da noção dos **direitos coletivos** *lato sensu*, antes dominado pelo viés da proteção jurídica do indivíduo.

De fato, desde o ideário resultante da Revolução Francesa, sobretudo do destaque à liberdade e à igualdade, bem como do liberalismo, que assumiu ares de dogma no final do século XIX e no início do XX, verificou-se uma supervalorização do individualismo. "De conseguinte, as relações jurídicas se passavam entre Tício e Caio. Não se dava ênfase às relações entre Estado e indivíduo e, menos ainda, às intercomunicações dos indivíduos" (FIGUEIREDO, 2005, p. 42).

Ocorre que tal panorama, embora ainda integre uma das facetas do direito, não detém contornos de exclusividade. Com o surgimento das sociedades de massa, e diante do incremento das injustiças resultantes do individualismo, o enfoque do coletivo foi sendo cada vez mais destacado. Nesse novo contexto, para além dos direitos individuais, cuja tutela jurídico-processual persiste, sobressaem-se os direitos coletivos em sentido amplo, os quais igualmente passaram a ser tutelados processualmente.

Assim, o direito positivo passou a contemplar expressamente a categoria dos interesses de massa. Cite-se a Lei da Ação Civil Pública (Lei nº 7.347/1985), que tutela, entre outros interesses metaindividuais, a **"ordem urbanística"**. A própria Constituição Federal atribui ao Ministério Público a competência para "promover o inquérito civil e a ação civil pública, para a proteção do patrimônio público e social, do meio ambiente e de outros interesses difusos e coletivos". Destaque seja dado ao Código de Defesa do Consumidor (Lei nº 8.078/1990), que estabelece uma classificação dos direitos coletivos *lato sensu*.

São elas (art. 81, parágrafo único):

- Interesses ou direitos **difusos**: são aqueles de caráter transindividual (transcendem o indivíduo, abarcando uma coletividade) e indivisíveis (não podem ser cindidos em relação aos membros da coletividade), sendo que os titulares envolvidos são pessoas indeterminadas e ligadas por circunstâncias de fato.
- Interesses ou direitos **coletivos** (*stricto sensu*): aqueles de caráter transindividual e indivisíveis, sendo que os titulares pertencem a grupo, categoria ou classe de pessoas ligadas (entre si ou com a parte contrária) por uma relação jurídica base (são determináveis, portanto).
- Interesses ou direitos **individuais homogêneos**: aqueles de caráter individual, mas que decorrem de uma origem comum. Por conta disso, pode-se afirmar que são divisíveis.

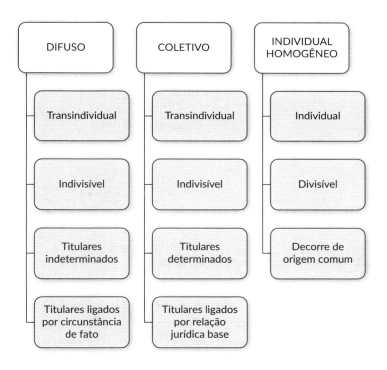

11.2 Instrumentos de tutela urbanística. Classificação

A tutela aos interesses, entre os quais se inserem os da ordem urbanística, encontra eficácia e concretização por intermédio de vários **instrumentos**, que são os meios necessários para a sua defesa e consecução. Esses mecanismos de tutela urbana podem ser divididos em duas categorias: os **processuais** e os **extraprocessuais**. Enquanto os primeiros são vinculados a uma demanda judicial, de modo que o respectivo interesse encontra uma resolução perante o Poder Judiciário, os segundos encontram-se, residualmente, desconectados de uma ação perante o órgão jurisdicional.

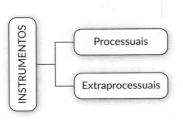

11.3 Instrumentos extraprocessuais

11.3.1 Termo de ajustamento de conduta

O **termo de ajustamento de conduta** (sigla TAC) detém a natureza jurídica de uma **composição extrajudicial** firmada com o interessado infrator, o qual pode ser pessoa física ou jurídica, pública ou privada. O seu escopo geral envolve o ajuste do contexto desconforme aos preceitos legais, bem como o ressarcimento de eventuais danos causados. O conteúdo específico desse termo abrange, entre outros, uma obrigação de fazer ou de não fazer, de tal modo que o interessado se compromete a adequar o seu comportamento à juridicidade violada.

O fundamento legal do TAC é o art. 5º, § 6º, da Lei nº 7.347/1985 (Lei da Ação Civil Pública), que assim preconiza: "Os órgãos públicos legitimados poderão tomar dos interessados compromisso de ajustamento de sua conduta às exigências legais, mediante cominações, que terá eficácia de título executivo extrajudicial".

Quem assume a **titularidade** para firmar o TAC? De acordo com referido dispositivo, os tomadores do termo são os "órgãos públicos legitimados" dispostos no art. 5º da mesma lei (esse preceito elenca os legitimados para a propositura de ação civil pública), como as entidades da Administração direta (União, Estados-membros, Distrito Federal e Municípios) e da Administração indireta (autarquia, empresa pública, fundação e sociedade de economia mista), a Defensoria Pública e o Ministério Público.

Atenção!

Não é somente o **Ministério Público** o órgão legitimado a firmar o termo de ajustamento de conduta. **Outras entidades públicas** podem fazê-lo, a exemplo da União e dos Municípios.

Por outro lado, não são todos os legitimados para a propositura de ação civil pública que podem tomá-lo. Por exemplo, as **associações privadas**, mesmo que constituídas há mais de um ano e que tenham finalidade institucional de natureza ambiental, **não** podem assumir a titularidade para firmar o TAC.

Outra característica do TAC relaciona-se com a sua **natureza jurídica**. Conforme o mesmo dispositivo anteriormente reproduzido, o termo assume a condição de **título executivo extrajudicial**. Assim, em caso de descumprimento das obrigações nele assumidas, cabível a sua execução judicial.

O TAC detém **caráter bilateral**, no sentido de exigir uma convergência de vontades para configurar sua validade. É o que já decidiu o STJ, para quem "o compromisso de ajustamento de conduta é um **acordo** semelhante ao instituto da conciliação e, como tal, depende da **convergência de vontades entre as partes**". Desse modo, "do mesmo modo que o MP não pode obrigar qualquer pessoa física ou jurídica a assinar termo de cessação de conduta, o *Parquet* também não é obrigado a aceitar a proposta de ajustamento formulada pelo particular" (REsp 596.764/MG, 4ª Turma, Rel. Min. Antonio Carlos Ferreira, *DJe* 23.05.2012).

Além disso, o TAC é caracterizado pela **facultatividade**, vale dizer, não se trata de instrumento de firmamento obrigatório. Trata-se do entendimento do STJ: "O ordenamento jurídico brasileiro não confere ao Termo de Ajustamento de Conduta caráter obrigatório, a ponto de exigir que o Ministério Público o proponha antes do ajuizamento da ação civil pública, em que pese a notória efetividade de tal instrumento" (REsp 895.443/RJ, 2ª Turma, Rel. Min. Eliana Calmon, *DJe* 17.12.2008).

Relevante consignar que, segundo posição do STJ, "a assinatura do termo de ajustamento de conduta não obsta a instauração da ação penal, pois esse procedimento ocorre na esfera cível, que é independente da penal" (RHC 24.499/SP, 6ª Turma, Rel. Min. Maria Thereza de Assis Moura, *DJe* 03.10.2011). Assim, o firmamento de um TAC não se presta a afastar a responsabilização penal.

11.3.2 Inquérito civil

O **inquérito civil** pode ser definido como o procedimento administrativo pelo qual o Ministério Público promove a investigação visando à proteção de interesses difusos e coletivos, entre os quais a ordem urbanística. Representa instrumento previsto na Constituição Federal, associado a uma das funções institucionais do *Parquet* (art. 129, inciso III). Também está disciplinado na Lei nº 7.347/1985 (art. 8º, § 1º, da Lei da Ação Civil Pública), na Lei nº 8.078/1990 (art. 90 do Código de Defesa do Consumidor), entre outros diplomas.

Na investigação conduzida no âmbito do inquérito civil, o Ministério Público poderá requisitar informações e documentos de qualquer ente público ou privado, salvo as hipóteses de sigilo. A recusa, o retardamento ou a omissão no atendimento à requisição configura crime tipificado no art. 10 da Lei nº 7.347/1985, cuja pena é de reclusão de um a três anos, mais multa.

O processamento do inquérito civil pode resultar, como regra, em três soluções:

- **Ajuizamento de ação civil pública**, na hipótese em que restar verificada a prática de conduta (comissiva ou omissiva) ofensiva aos interesses coletivos *lato sensu*, entre os quais o urbanístico. Relevante esclarecer que o inquérito civil **não é um instrumento indispensável** para o ajuizamento da ação civil pública.
- Celebração de **termo de ajustamento de conduta**, instrumento estudado no item anterior;
- **Promoção do arquivamento** do inquérito civil, caso o Ministério Público, esgotadas todas as diligências, conclua pela inexistência de fundamento para a propositura da ação civil. O arquivamento também decorre da celebração de termos de ajustamento de conduta. A promoção de arquiva-

mento será submetida a exame e deliberação do Conselho Superior do Ministério Público.

11.4 Instrumentos processuais

A tutela urbanística encontra nos **instrumentos processuais** um de seus meios de efetivação. Nesse contexto, os órgãos do Poder Judiciário apreciam a ocorrência da lesão, ou de sua ameaça, com a aplicação da consequência jurídica apropriada, como a declaração de nulidade de ato administrativo, a imposição de obrigação de fazer ou de pagar, o reconhecimento da inconstitucionalidade de ato normativo, entre outros. Isso decorre do preceito constitucional segundo o qual "a lei não excluirá da apreciação do Poder Judiciário lesão ou ameaça a direito" (art. 5°, inciso XXXV). Trata-se do **princípio da inafastabilidade do controle pelo Poder Judiciário**.

Existem **dois sistemas** da jurisdição civil. O primeiro está relacionado às controvérsias **individuais** e encontra no Código de Processo Civil o seu instrumento de concretização. Já o segundo está voltado para a **tutela coletiva**, que se baseia em diversas normas, entre as quais a Lei da Ação Civil Pública, a Lei da Ação Popular e o Código de Defesa do Consumidor.

Entre os instrumentos processuais de tutela urbanística, sobressaem-se dois: a **ação popular** e a **ação civil pública**. Ambos são mecanismos processuais de tutela a interesses coletivos *lato sensu*.

11.4.1 Ação popular

A **ação popular** objetiva a defesa de interesses difusos e coletivos. Representa instrumento processual que encontra expressa previsão na Constituição Federal. De acordo com o art. 5º, inciso LXXIII:

> Qualquer cidadão é parte legítima para propor **ação popular** que vise a anular ato lesivo ao patrimônio público ou de entidade de que o Estado participe, à moralidade administrativa, ao meio ambiente e ao patrimônio histórico e cultural, ficando o autor, salvo comprovada má-fé, isento de custas judiciais e do ônus da sucumbência.

A sua disciplina encontra-se vertida na Lei nº 4.717/1965.

A **legitimidade ativa** pertence a qualquer **cidadão**. A prova de tal condição é feita mediante a apresentação do título de eleitor. O autor-cidadão (também denominado autor-popular) detém **isenção** em relação ao pagamento das custas judiciais e do ônus da sucumbência, **salvo comprovada má-fé**.

A **legitimidade passiva** da ação popular abarca, na condição de litisconsórcio necessário:

- pessoas jurídicas de direito público, bem como as pessoas jurídicas privadas relacionadas com o Poder Público (cf. entidades elencadas no art. 1º da Lei nº 4.717/1965);
- os agentes públicos envolvidos com o ato impugnado;
- os beneficiários direto da desconformidade.

Existe um procedimento peculiar que pode ser tomado pelas pessoas jurídicas de direito público ou de direito privado cujos atos sejam impugnados. Eles poderão **contestar** o pedido, **abster-se** de fazê-lo ou ainda aderir ao **polo ativo**, atuando ao lado do autor, caso conveniente ao interesse público.

O Ministério Público atua como fiscal da lei (*custos legis*), podendo assumir a condição de autor da ação popular na hipótese, por exemplo, de abandono da demanda pelo autor-

-cidadão. Essa possibilidade constitui um mecanismo de sucessão processual.

No que se refere ao prazo prescricional, ele é de cinco anos.

11.4.2 Ação civil pública

A **ação civil pública** representa um dos mecanismos de tutela urbanística mais relevantes do ordenamento. O seu regime encontra-se estampado notadamente na Lei n° 7.347/1985. A própria Constituição Federal faz referência a esse instrumento, relacionando-o à atuação do Ministério Público (art. 129, inciso III).

Cabível o manuseio da ação civil pública em relação aos danos (morais e patrimoniais) causados, entre outros, ao meio ambiente, a bens e direitos de valor artístico, estético, histórico, turístico e paisagístico e à **ordem urbanística** (art. 1° e incisos da lei da ACP).

A **legitimidade ativa** pertence às seguintes entidades (art. 5°):

- Ministério Público;
- Defensoria Pública;
- entidades federativas (União, Estados, Distrito Federal e Municípios);
- entidades da Administração indireta (autarquias, fundações, empresas públicas e sociedades de economia mista);
- associações que estejam construídas há pelo menos um ano e incluam, entre suas finalidades institucionais, a defesa dos respectivos interesses coletivos *lato sensu*. Observe-se que esse requisito da pré-constituição poderá ser dispensado pelo juiz, quando haja manifesto interesse social evidencia-

do pela dimensão ou característica do dano, ou pela relevância do bem jurídico a ser protegido.

Trata-se de **legitimidade ativa concorrente e disjuntiva**. Na hipótese de desistência infundada do autor da ação, o Ministério Público ou outro legitimado poderão assumir a titularidade ativa. A propósito, o Ministério Público, caso não intervenha no processo como parte, deve atuar como fiscal da lei (*custos legis*).

No que se refere à legitimidade passiva, deve ser assumida pelo responsável (direito ou indireto) pela desconformidade.

A Lei nº 7.347/1985 preconiza que "a ação civil poderá ter por objeto a condenação em dinheiro ou o cumprimento de obrigação de fazer ou não fazer" (art. 3º). A adoção da conjunção "ou" se presta a restringir o pedido da ACP, cabendo ao demandante pela condenação em dinheiro ou pelo cumprimento de obrigação de fazer ou não fazer? De acordo com o entendimento do STJ, é possível a **cumulação de tais pretensões**. Nos termos da decisão prolatada no REsp 625.249/PR (1ª Turma, Rel. Min. Luiz Fux, *DJ* 31.08.2006, p. 203): "Na exegese do art. 3º da Lei nº 7.347/1985 a conjunção 'ou' deve ser considerada com o sentido de adição (permitindo, com a cumulação dos pedidos, a tutela integral do meio ambiente) e não o de alternativa excludente (o que tornaria a ação civil pública instrumento inadequado a seus fins)".

No que se refere à fase de impugnação, os recursos assumem como regra efeito devolutivo, podendo o Judiciário conferir-lhes efeito suspensivo (art. 14).

11.5 Outros instrumentos processuais

Além da ação popular e a da ação civil pública, existem diversos outros instrumentos de caráter processual que se prestam a tutela a ordem urbanística, cada uma com finalidades e características próprias.

11.5.1 Ações de controle de constitucionalidade

No âmbito das ações de controle de constitucionalidade, merecem destaque:

- a **ação direta de inconstitucionalidade** (ADIn);
- a **ação declaratória de constitucionalidade** (ADECON);
- a **arguição de descumprimento de preceito fundamental** (ADPF).

A previsão desses instrumentos encontra-se nos arts. 102 e 103 da Constituição Federal.

O art. 102 dispõe sobre a atribuição do Supremo Tribunal Federal para julgar a ação direta de inconstitucionalidade (ADI) de lei ou ato normativo federal ou estadual; a ação declaratória de constitucionalidade (ADECON) de lei ou ato normativo federal; e a arguição de descumprimento de preceito fundamental (ADPF).

Já o art. 103 faz referência aos legitimados ativos da ADI e da ADECON, que são:

- o Presidente da República;
- a Mesa do Senado Federal;
- a Mesa da Câmara dos Deputados;
- a Mesa de Assembleia Legislativa ou da Câmara Legislativa do Distrito Federal;
- o Governador de Estado ou do Distrito Federal;
- o Procurador-Geral da República;
- o Conselho Federal da Ordem dos Advogados do Brasil;
- partido político com representação no Congresso Nacional;

- Confederação sindical ou entidade de classe de âmbito nacional.

No âmbito infraconstitucional, a disciplina é feita pela Lei nº 9.868/1999, que dispõe sobre o processo e julgamento da ADI e ADECON perante o Supremo Tribunal Federal. Já a Lei nº 9.882/1999 disciplina a ADPF, que constitui ação cujo objeto é o de evitar ou reparar lesão a preceito fundamental resultante de ato do Poder Público. Também cabe quando for relevante o fundamento da controvérsia constitucional sobre lei ou ato normativo federal, estadual ou municipal, incluídos os anteriores à Constituição de 1988. Os legitimados ativos da ADPF são os mesmos da ADI.

11.5.2 Ações de responsabilidade por improbidade administrativa

A **improbidade administrativa** detém previsão no art. 37, § 4°, da CF, com disciplina na Lei nº 8.429/1992.

Representa um mecanismo de responsabilização dos agentes públicos (e os terceiros relacionados) que enriquecem ilicitamente, causam danos ao erário ou violam princípio da Administração Público. Trata-se das modalidades de improbidade, nos termos dos arts. 9°, 10 e 11 da Lei nº 8.429/1992.

No que se refere especificamente ao direito urbanístico, recorde-se o art. 52 do Estatuto da Cidade (Lei nº 10.257/2001), que elenca diversas condutas consideradas atos de improbidade administrativa, todas elas relacionadas aos instrumentos da política urbana (cf. estudado em minúcias nos Capítulos 3, 4 e 5).

As penas decorrentes de atos de improbidade apenas podem ser aplicadas pelo **Judiciário**, restando afastada a sua cominação no âmbito administrativo. Daí a sua instrumentalização por meio de **ação de responsabilidade por ato de improbidade administrativa**. Nos termos do art. 17 da Lei nº 8.429/1992 (cf. redação dada pela Lei nº 14.230/2021), a legitimidade ativa cabe ao Ministério Público.

11.5.3 Mandado de segurança

O **mandado de segurança** pode ser dividido em duas categorias: o **individual** e o **coletivo**. Constitui instrumento que encontra fundamento na Constituição, nos termos do art. 5º, inciso LXIX, que estipula o objeto da ação: "proteger direito líquido e certo, não amparado por *habeas corpus* ou *habeas data*, quando o responsável pela ilegalidade ou abuso de poder for autoridade pública ou agente de pessoa jurídica no exercício de atribuições do Poder Público". Relevante consignar que o art. 5º, inciso LXX, da CF, prevê o mandado de segurança coletivo. A Lei nº 12.016/2009 disciplina no âmbito infraconstitucional os aspectos processuais do mandado de segurança individual e coletivo.

Referências

ALMEIDA, Fernando Dias Menezes. In: MEDAUAR, Odete; ALMEIRA, Fernando Dias Menezes de (coord.). **Estatuto da Cidade**. São Paulo: Revista dos Tribunais, 2002.

BONAVIDES, Paulo. **Curso de direito constitucional**. 13. ed. São Paulo: Malheiros, 2003.

BORDALO, Rodrigo. **Direito administrativo**. 2. ed. São Paulo: Saraiva, 2012.

BORDALO, Rodrigo. **Manual completo de direito ambiental**. Indaiatuba: Foco, 2019.

CARVALHO FILHO, José dos Santos. **Manual de direito administrativo**. 31. ed. Rio de Janeiro: Lumen Juris, 2017.

CARVALHO FILHO, José dos Santos. **Comentários ao Estatuto da Cidade**. 5. ed. São Paulo: Atlas, 2013.

DALLARI, Adilson Abreu; FERRAZ, Sérgio (coord.). **Estatuto da Cidade** (comentários à Lei federal 10.257/2001). São Paulo: Malheiros, 2002.

DI PIETRO, Maria Sylvia Zanella. **Direito administrativo**. 22. ed. São Paulo: Atlas, 2009.

DI PIETRO, Maria Sylvia Zanella. Direito de superfície. In: DALLARI, Adilson Abreu; FERRAZ, Sérgio (coord.). **Estatuto da Cidade** (comentários à Lei federal 10.257/2001). São Paulo: Malheiros, 2002.

FIGUEIREDO, Lúcia Valle. **Disciplina urbanística da propriedade**. 2. ed. São Paulo: Malheiros, 2005.

GASPARINI, Diógenes. **Direito administrativo**. 15. ed. São Paulo: Saraiva, 2010.

LENZA, Pedro. **Direito constitucional esquematizado**. 12. ed. São Paulo: Saraiva, 2008.

LIBÓRIO, Daniela. **Elementos de direito urbanístico**. Barueri: Manole, 2004.

LOMAR, Paulo José Vellella. Operação urbana consorciada. In: DALLARI, Adilson Abreu; FERRAZ, Sérgio (coord.). **Estatuto da Cidade** (comentários à Lei federal 10.257/2001). São Paulo: Malheiros, 2002.

MARQUES NETO, Floriano de Azevedo. Outorga onerosa do direito de construir. In: DALLARI, Adilson Abreu; FERRAZ, Sérgio (coord.). **Estatuto da Cidade** (comentários à Lei federal 10.257/2001). São Paulo: Malheiros, 2002.

MEDAUAR, Odete; ALMEIRA, Fernando Dias Menezes de (coord.). **Estatuto da Cidade**. São Paulo: Revista dos Tribunais, 2002.

MEIRELLES, Hely Lopes. **Direito de construir**. 9. ed. São Paulo: Malheiros, 2005.

MEIRELLES, Hely Lopes. **Direito municipal brasileiro**. 12. ed. São Paulo: Malheiros, 2001.

MILARÉ, Édis. **Direito do ambiente**. 11. ed. São Paulo: Revista dos Tribunais, 2018.

OLIVEIRA, Régis Fernandes. **Comentários ao Estatuto da Cidade**. 2. ed. São Paulo: Revista dos Tribunais, 2005.

SECCHI, Leonardo; COELHO, Fernando de Souza; PIRES, Valdemir. **Políticas públicas**. 3. ed. São Paulo: Cengage, 2019.

SILVA, José Afonso da. **Direito ambiental constitucional**. 2. ed. São Paulo: Malheiros, 1998.

SILVA, José Afonso da. **Direito urbanístico brasileiro**. 4. ed. São Paulo: Malheiros, 2006.

SUNDFELD, Carlos Ari. O Estatuto da Cidade e suas diretrizes. In: DALLARI, Adilson Abreu; FERRAZ, Sérgio (coord.). **Estatuto da Cidade** (comentários à Lei federal 10.257/2001). São Paulo: Malheiros, 2002.